イギリス人が知っている心を豊かにするたった一つの方法

井形慶子
Keiko Igata

KADOKAWA

はじめに　マインドフルネスで心の平安を取りもどす

50代に入ってから、猪突猛進に働いてきた私ですが、数年ほど前からゼイゼイ息切れしている自分に気付きました。

脳と心の容量をはるかに超える忙しさにオーバーヒートを起こし、健康診断でもあちこちが引っかかる始末。

従来、多少のことではびくともしない健康体が自慢だったのに。

朝早くに目が覚める「早期覚醒」、人の話を落ち着いて聞くこともできずと、ストレスはつのる一方。やがて、このまま無事で済む訳がないと思うようになりました。

「ママに心の安らぎはありますか?」と娘が書き送ってきた手紙にハタと立ち止まったのもこの頃です。自覚症状+周囲の声で、カラカラに乾ききった心身をケアしなければと、改めて生活全般を見直そうと決めたのです。

特別なことではありません。基本はこれまでイギリスで見聞きしてきたシンプル家事、料理、幸せな人付き合いの考え方を手元に引き戻しつつ、1週間に半日ずつ2回、自由にできる時間を作り、錆《さ》びついた心の垢《あか》を落とすのです。

心地良い音楽を聴きながら料理を楽しみ、庭に花を咲かせ、時にはバスや電車に乗って気になっていた町を歩いてみる。これまでの生活に比べると、とてもぜいたくな時間のおかげで、少しずつ心のゆとりが戻ってきました。

そんな折り、今の自分の心に目を向ける「マインドフルネス」を知りました。マインドフルネスとは、パーリ語のサティ（Sati）の英訳といわれ、「心にとどめておくこと」「気づき」、つまり今というところに身を置くことを学ぶ心のエクササイズです。

アメリカの『TIME』は、「マインドフルネスによる革命」と題した特集を組み、グーグル（Google）はマインドフルネスを社員の健康教育に取り入れているそうです。このマインドフルネスは、脳がオーバーヒート、ストレスいっぱいのアメリカの研究者が、集中力を高めるトレーニングとして座禅したことに始まったといわれるほど、日本の禅に近いものがあります。

ただ座って目をつむり、自分の呼吸に集中、ダラダラと考え続けることを断ち切るのです。

「今ということに思いを寄せる」——毎日ストレスを抱え、あくせくしてきた自分に、思わぬメッセージが届いたようでした。

そもそも心はトリッキーなものを作り出します。気になることをずっと考え続けることで人は不安やストレスを膨張させ、心身を傷つけ、集中力もなくしてしまいます。このマインドフルネス・プログラムはイギリスでも市民に提供され、瞑想《めいそう》アプリも50万以上ダウンロードされているとか。

確かに「考え過ぎる」ことから生まれる不安や心配は、百害あって一利なし。今を味わうことで、人の悲しみや痛みまで受容して手を差し出せる。この方が、はるかに健全といえるでしょう。

50代を過ぎると、ある程度、自分の人生も見えてきます。

多くの著書でイギリスの中高年が地に足を着け、輝いて生きている姿を書いてきました。好奇心を失わず、身の丈に合った暮らしを楽しむ人々に共通するものは、イライラして不機嫌になったり、オロオロと不安になったりせず、今を味わい尽くすという習慣でした。彼らは常に、自分の気持ちを明るい方へ導く術を生活習慣から身につけていたのです。

そんな意味で私がイギリスで見てきたマインドフルネスにつながる地道な暮らしや流儀は、後半生になくてはならないものです。

シンプルに生きる。ムダなお金も時間も省き、人やモノからもストレスを受けない。本書は私が実践していることも含め、改めて検証した心安らかな日々につながる暮らし方をまとめました。

いくつかでも参考にしてくだされば幸いです。

井形慶子

イギリス人が知っている心を豊かにするたった一つの方法　もくじ

はじめに　マインドフルネスで心の平安を取りもどす　1

1 シンプルに暮らす習慣

ケチなのに優雅に見える　10
身近なものにもう一つの使い道を見つける　16
最新機能より馴染んだ道具　20
ものを減らすとリラックスできる　23
余分に買っておくと損をする　27

2 満足できる家があれば8割がた幸せ

中古リフォームで幸せな住まいを　32
「良い住まい」というモノサシは十人十色　36

ストレスを癒《いや》すゆらめく炎　39
イギリスにアンティークが多い理由　46
自然と共に――生垣のゆたかさ　49

3 新しい働き方

肩書きなしでも尊敬される　54
英語への近道　57
「やりがい」と「企業ブランド」で仕事を探さない　62
「できたらいいいな」でかなう仕事の夢　67
命をかけた仕事の価値　72
自分は悪くないという主張は、クセだと悟る　77
「稼ぎ手が夫だけ」はリスクが高い　80

4 満足優先のおしゃれと健康

古着を堂々と楽しむ　86
イギリスで学んだ冬じまい、春支度　90
持ち服に袖を通すと前向きになれる　95

古着を贈るびっくり箱を作ろう　98
更年期を潤《うるお》す命水　102
病は気から、闘病も気から　106

5 スピリチュアルに親しむ楽しみ

スピリチュアルなものが気になるのは良い兆し　112
日本とイギリス　スピリチュアルの違い　115
音楽で感受性を耕《たがや》す　119
インナートリップの効用　122
「最果ての地」へ旅して気を飛ばす　126

6 まず自分がある　イギリス式恋愛と結婚

最高の夫婦の条件は「親友」であること　132
不要な夫などいない　136
表現する文化が、手をつなぐ老夫婦をつくる　139
「立派な家庭」という表現は他人と比べている証拠　142
迷宮入りして恋をこわさない　145

7 自分と向き合う——マインドフルな旅

古い地図、ガイドブックは気付きの始まり 152
カントリーサイドを歩く愉しみ 155
感受性を深くするアドベンチャーな旅 159
戦争をたどる旅を計画する 163

8 満ち足りた人生を送るための流儀

小さな図書室に潜《ひそ》むメッセージ 168
苦境を乗りきるユーモアの力 174
私を使ってくださいという謙虚さを持つ 178
置き去りの人々に心を通わせる 181

おわりに 186

イラストレーション　中上あゆみ
ブックデザイン　アルビレオ

I

シンプルに暮らす習慣

ケチなのに優雅に見える

子どもの頃から「しまつ」を信条にしてきた私は、イギリスに行き「質素、倹約」には上があるものだとびっくりしたことを思い出します。イギリスといえば紳士淑女の国というイメージですが、30年以上イギリスの人々と接してみれば世界一ケチが多いと気付かされます。

生活再点検の第一歩は、このケチなのに優雅を極めること。

思えばイギリス人には、「必要のない物には絶対にお金をかけない」「使える物は最後まで使い切る」という考え方が徹底してます。これはお金を貯め込むために生活費を切り詰める、日本人の考え方とは似て非なるものです。

リボ払いが当たり前の彼らは、カードローンを組んで大きな買い物をします。自己破産に陥《おちい》る人々の増加は、イギリスでも大きな社会問題となりました。日本に比べると物価が2倍近く高いイギリスでは、いざセールが始まると、ショッピングカートに山盛りシャツやスーツを買うビジネスマンまで現れ、その買いっぷりに仰天させられます。

とはいえ、アンティーク家具や年代もののジュエリーがたくさん残っていることからもわかるように、イギリス人の節約志向の根底にあるのは、古い物を大事に持ち続け、愛しむ生活文化です。

徹底した倹約家なのにイギリス人がどことなく優雅に見えるのは、「節約」＝「お金を貯めること」ではないからです。

ケチなのに優雅に見せるコツは、「衣・食・住」それぞれのイギリス人が実践するポイントをおさえれば簡単です。

まず装いですが、イギリスの人は、基本的に夏・冬のセール時以外に服を買いません。これは日本のようにきちんと作られた衣類が安くないこと、そしていずれ値下がりするものを定価で買うことはお金の損失と考えるからです。

英国で人気のカジュアルブランド「NEXT」では、セール期になると早朝5時の開店に合わせて人々が長蛇の列を成し、オープンと同時にまとめ買いの争奪戦を繰り広げます。決して高額ではないこの手の服でさえ、半額となりやがて数千円台まで値下がりしてから買う、を徹底するのです。

また「clothes swap（衣類の交換）」という習慣もあり、着なくなった服は慈善団体に寄付をする目的のチャリティショップに持っていくか、友人と交換します。

こうしてシーズンごとに着る服と着ない服を分別していくため、クローゼットが服で溢れる、ことです。

さらに、服を最後まで使い切る習慣のある高齢者は、洗濯し終えた衣類をしまい込む前に、Tシャツや時にはGパンにまでアイロンをかけ、引き出しに収納します。また、ブラウス、ジャケットなどシワになるものもまんべんなくコーディネートできるよう、色別、長さ別に服をつるします。こうすれば結果的に今日着る服がすぐ取り出せるようなクローゼットとなり、美しく整うのです。

次に食です。ヘルシーかつ繊細な、世界が渇望する一大ブランドの和食に比べると、一般的な共働き世帯のイギリス人の食事は実に大ざっぱです。

かつて朝はコーンフレークなどシリアル類にコーヒーか紅茶。昼はサンドイッチなどの軽食。夜はフレンチフライとソーセージまたはピザ、といったファストフードが主流でした。

こうしたインスタントな食生活を見直す動きが始まったのは2000年に入ってから。国を挙げてファットタックス（肥満税）の導入や給食改革が始まり、家庭の食卓にもヘルシー志向、家庭菜園で育てた具材を生かしたホームメイドが並ぶようになりました。

とはいえイギリス人の食事は、大皿に1～2種の料理を盛りつけるワンプレートディッシュが基本。今も変わらずとてもシンプルなものです。それを補《おぎな》うため、食器やランチョンマットにこだわり、センスの良いテーブルコーディネートによって美味しさを引き立たせ、食後の手作りデザートでリッチな気分を演出するのです。

また、一度に大量のものを作り置きし、アレンジしながら数日かけて食べきっていくことも食費節約のコツです。たとえばローストビーフやローストチキンなどのオーブン料理は一度にたくさん作り、食べ残した分はサンドイッチやサラダの具にします。また、スープやシチューも数日分を一度に煮込み、残りは冷凍するのです。こういった作り置きの習慣は、食費だけでなく光熱費の節約や料理の手間を省略することにも繋がります。

　家庭料理を持ち寄ってホームパーティーを楽しんだり、陽の長い春から夏にかけては庭やテラスで家族揃って夕食を囲みます。このように誰とどうやって食べるかを工夫すれば、シンプルな料理でも優雅で満足できるのです。


　そして「住」。後ほど詳しく書きますが、ケチなのに優雅に見せる「住」を手っ取り早く実践するコツは、インテリアでしょう。

　ホームセンターやファニチャーストアで新品の家具一式を揃えるよりも、立派な中古家具を一点置いた方が知的に見える上、部屋に趣《おもむき》が生まれます。彼らは家具や照明、ドアなどの部材と、質の良い値打ち品をカーブーツセール（フリーマーケット）などで安く手に入れ、長く大切に使います。英国の住まいがエレガントに見えるのは、部屋のちょっとしたアクセントに値打ちあるものを取り入れているためです。

　一方、私達日本人は親元を離れたとき、結婚するとき、マイホームを建てたときと、一生の内に3度、家具を買い替えるといわれています。最近では大量生産、お手頃価格のソファやダイニングセットが通販やホームセンターで買えるため、家具の買い替え頻度は昔以上です。

その結果、粗大ゴミの手配をしたり、引き取り業者を頼んだりと、煩《わずら》わしさと出費が伴います。

上質な家具の良さは古くなるほど味が出てくるところにあります。イギリス人は先祖代々受け継いだ柱時計や机、テーブルクロスなどのリネン類まで大事に使い続け、味わいを楽しみます。

思えば私も18歳で上京する折に、祖父から譲り受けた戦前の勉強机を長崎から送ってもらいました。引っ越しを繰り返し、中古マンションを手に入れてからも、家宝として30代半ばまで使い続けたのです。その後、その机は家で仕事をする友人に譲り、大事に使ってもらっています。

大量消費をやめて、数少ない値打ち品を使い続けることで、お金も含めた本当に必要なものが残っていきます。節約より、大切なものを見極め、使い切る。

ケチなのに優雅に見せることは、心の洗濯にもつながります。

身近なものにもう一つの使い道を見つける

余計なものを削ぎ落とし、シンプルに暮らす上で欠かせないのが「兼ねる」こと。イギリス人は「兼ねる」ことが好きです。

町に買い物に出るときは、周囲に声をかけ自家用車に相乗り。ついでに1ヵ月分の用を片付けます。物もそうです。天板を広げ、折りたたむことで食卓と花台どちらにも使えるゲートレッグテーブルなど古い家具の多くに「兼ねる」工夫が見られます。

これは時間、お金、スペースと、今あるものを最大限使い切ろうというあらわれではないでしょうか。

いつも使っていたムースタイプのへアースタイリング剤が切れたときのことです。今日は講演会で人前に立つのに、寝起きのような髪のまま出かけるわけにもいかず、何かないかとあせった私は、頭皮をマッサージする馬油の入った小瓶を見つけ、ドロッとしたそれを毛先にすり込みました。
その後、鏡を見て驚いたのです。まるでプロにセットしてもらったような美しい曲線ウェーブが出来上がっていたからです。ああ、コンビニに買いに出なくて良かった。代用品があったじゃないかと、その馬油で髪をなでつけました。

「頭皮マッサージオイルはスタイリング剤を兼ねる」

いい意味の適当さと倹約精神を発揮したこの発見は、別な意味で感慨深いものがありました。
著作で「2番目の考えがベストである」というイギリスの習慣を紹介したばかりだったこともあり、物事にもモノにも2つ目の魅力や使い道がある。それが時には思わぬ力を発揮すると実感したのです。

かかとの角質をとるフットクリームを書類整理でザラザラに荒れた指先に塗ったこともあります。この時も脱衣所のハンドクリームが空っぽになっていたのがきっかけでした。

そこで硬い足の皮をやわらかくできるクリームなら、手はどうなるのか試してみることにしたのです。ラー油のようなかかと専用のクリームは手に付けるとギトギトてかります。ところが翌朝、ささくれていた私の指先はハンドクリームを塗った時よりきれいになっていました。本当にいいんだろうかと思いつつ、それ以来フットクリームを手にも塗っています。

高度経済成長期のさ中、家電、マイカー、マイホームが行き渡ると、化粧品、コスメ、洗剤など身の回りの商品がどんどん細分化されていきました。

これは床用ワックスですと表示があると、「家具には使っちゃいけないのかしら」と考え込んでしまい、お掃除用洗剤だけでもすごい数が必要となりました。昭和の時代大ヒットした、傷、やけど、しもやけと何にでも塗っていたオロナイン軟膏みたいなマルチなものが少なくなり、買わなきゃならない気にさせられる専門的商材が急増。これが問題なのです。

そもそも一つの目的のものを別な場所で使うことに、いつから私たちは躊躇するようになったのでしょうか。今あるモノは別な使い方もできるのに、表示された用途以外は使えないと決めつける。

そんなことを考えつつ草むしりをしました。この季節、伸び放題の代表格はラベンダーやセージなどハーブ系。切った枝葉を庭の片隅で燃やすと、いぶされて立ち上る白い煙から、ラベンダーのいい香りがただよってきます。

夏なのに蚊がいないなと思っていたら、ラベンダーは防虫効果があると後で知りました。あの時の白い煙は蚊取り線香代わりだったのか。ただのゴミと化した庭の枯れ草でさえ、もう一つの役割を果たしていました。

「兼ねる」を見つけることはポジティブな発想。とても嬉しく、得した気分になるものです。

最新機能より馴染んだ道具

70年代後半からイギリスに通って37年。同じ国を定点観測していると、英国病を脱し、ヨーロッパ一の経済大国となったイギリスの変化がよく分かります。

このところイギリスでは、住まいに限らず生活全般にわたって、よりシンプルな方を選択する価値観が顕著になりました。「必要でないものに手を出さない」ことが暮らしを見直し、再建するきっかけとなっていることは前に少し触れました。なるべく、余計なオプションを付けない方が物事も、気持ちもスッキリします。

ずっと前にイギリスの新聞にこんなコラムを見つけました。

「ケータイ、時計、コンピューター、車、今やどんなものも技術の限りを尽くした開発がなされている。例えば普通の腕時計でも２００ｍの深海まで潜れるダイバー機能が付いているし、ハイキング用のジャケットを買いに行けばマイナス40℃対応の防寒素材に変わっている」

けれどよく考えてみると、普通の人が２００ｍの深海に潜り、マイナス40℃の厳寒地にハイキングに行く設定などあり得ない。このことは著書にも記しました。

近年、テクノロジーはますます発達して、日本でもイギリスでもメーカーはどんなものでも作り出すことができますが、それが目的通りに使われているかは疑問です。

例えば進化するスマートフォン。これは待ったなしで刷新されるハイテクの代表格です。今や腕時計、そして服バージョンまで登場したスマホですが、通信できればいい人々にとって、覚えることが多すぎやしないでしょうか。

もしかしたら、膨大な経費と時間をかけて開発された技術の多くは、ハイテクオンチな人間に負荷をかけているのではと考えます。

先日、友人にコンサートに誘われ、都心の地下鉄ホームで待ち合わせをしました。時間になっても相手が現れず、待ち合わせ場所を間違えたのではと、カバンをゴソゴソ探すと、なんとケータイを家に忘れてきていることに気付き、大慌て。

駅の構内を走り回ったのですが電話はなく、改札で尋ねると、公衆電話は3つの路線が乗り入れるこの駅に1ヵ所だけ。

「地上に出ても公衆電話はありませんよ」

駅員にきっぱり言われました。

泣く泣く500mほど歩き、たった1台の電話を見つけた時は、猛烈に怒りがこみ上げました。公共施設である駅なのに、これではケータイを持っていることが大前提。私のようなケータイを忘れ、なくした人をまったく想定していないのです。これに懲りて連絡のとれない場所での待ち合わせは、絶対やめようと決めました。

それにしても、その駅は官公庁が集まる日本の心臓部。ケータイが普及した代償はあまりにお粗末です。

こんな個人の必要性を無視して進む開発型社会のツケは、時には人を混乱させ、疲弊させます。

私たちが受けるストレスは、職場や人間関係だけでなく、公衆電話一つにも含まれているのです。

ものを減らすとリラックスできる

改めて取り組んだお片づけの中で、最も頭を悩ませるのが衣類です。

私の本の担当編集者のYさんは無類の服好きで、しょっちゅう出かけるヨーロッパ各国の蚤《のみ》の市などで、センスの良いバッグや靴を1000円以内という安さで見つける買い物上手。ロンドンで作った私が企画するコートドレスなど、目新しい服も面白がって着てくれます。

そんなYさんのクローゼットはどうなっているのか、ある時尋ねてみると「もうグチャグチャ」ということでした。

「ときめくものだけ残せと言われても、海外に出れば買ってしまう。もう、どこに何があるか、さっぱり分からないんですよ」

何だか想像できるなぁと思いました。イギリスに限らずヨーロッパ各地の蚤の市には、ここでしか買えないと急き立てられる、魅力的な古着や雑貨がひしめいています。

いったん自分を許し、買い始めたら、スーツケースに入るだけ、という基準を、あっという間に超過。予備のバッグを買ったら最後。まだまだ荷物は入るから買ってしまおうと、ちょっとした引っ越し状態になります。

実は私のクローゼットもYさんどころでなく通勤電車のよう。ウォークインクローゼットだけでなく、収納部屋もどこに何があるか分からない状況でした。

だからでしょうか。

ロンドンの小さなわが家はいつ訪ねても心がスーッと落ち着きます。それは余計な物が一切、ないからです。

クローゼットばかりではありません。撮影したり、資料が広げられるよう、リビングの暖炉周辺、棚や床にも不安なものは何もありません。読み終えた不用な本などを発見すると、迷わず近所のチャリティショップに出かけ、寄付をする習慣も板につきました。

捨てるのではなく、「ありがとう」と言われ、不用品を手放す時の気分の良さ。思い立ったら即手放す住まいのデトックスは、一度始めたら心地良い習慣となりました。

物のない空間は管理がとても簡単です。掃除も楽だから、家具や服の一つひとつに目が行き届き、家はいつもピカピカになるのです。ロンドンの家にもどるたび、ものが少ない住まいに心が安らぎ、とてもリラックスする自分を感じています。

先日、「ダウントン・アビー」を観ていたら、執事のカーソン氏が丁寧に磨いた銀食器をキャビネットの定位置にもどすシーンがありました。一つずつ確認しながら、ゆっくりと行うその作業によって、屋敷の秩序は美しく保たれています。

あのドラマに登場する責任感と忠誠心に溢れた、ヒューズ家政婦長やベイツのような人が身近にいれば、どれほど助かるでしょうか。貴族の暮らしぶりより、几帳面な使用人につい引き寄せられてしまいます。

最近、「遺品整理」という文字を見るたび、ああ、本当に他人ごとではないとあせってしまいます。

友人はこうならないため、引っ越し当初の、スカスカな棚や床を写真に撮っておいて、折に触れその写真を眺めるそうです。

ぜひ入居した日の写真は撮っておいてください。この第一歩が曖昧だと、スペース管理がいい加減になり、大切なものと、どうでもいいものとの見境がつかなくなってしまいます。

余分に買っておくと損をする

モノを整理し、ストックを持たない効用は何といっても限られた空間がより広々と有効に使えることです。

ロンドンなど都心部は地価が世界一高く、おおよそ50㎡ほどの住まいが一般的です。それでもぜいたくなんですよと話すと、「さぞ狭いでしょうに、収納はいったいどうなっているのですか」と尋ねられます。

このやりとりからもわかるように、私達の生活はいつの間にか「モノ」が暮らしの中心に取って代わっているのではと思えてなりません。

ところがイギリスの小さな家は、日本でいう押し入れもなく、階段下を生かした物入れがあるのみ。収納は少ないのに実にすっきりしています。これだけ限られた空間なのに、撮影した写真をチェックすると、家の隅々まできれいに片付いているのです。

パブリックスペースにあたるリビング、キッチンはすべてのものがキッチンユニットに収められ、問題の衣類も、クローゼットが一つ、そしてチェストと呼ばれる引き出しが夫婦それぞれに一つずつあるのみ。あるビジネスマンのクローゼットを開けると、仕事用、黒い礼服、冬用の生地感のあるウールと3種類のスーツがひらひらとぶら下がっていました。

服でぎっしり。取り出すのも大変な私のクローゼットとは大違い。衣類が日本人に比べ圧倒的に少ないのです。

イギリスでは「2つ買ったら1つはタダ」(buy two get one free) というまとめ買いキャンペーンが盛んですが、その多くは洗剤、食品などの「消えもの」で、消費する回転の速いものばかり。

ところが、衣類や道具は一度買うとストックになってしまいます。下着を持っているのに、これが汚れたら困るからとか、親が泊まりに来た時のために、と布団を買い揃えるうち、引き出し、押し入れは満タンになってしまうのです。

いざという時のための買い置き習慣は消耗品でない限りスペースを食います。

モノのために家賃を払い、広い家に住み替えるのは、本当にお金の無駄です。

家族や友人が訪ねてきたら近くのB&Bに泊まってもらったり、ブランケットを1枚渡しソファに寝てもらうイギリス人の習慣は、ムダがなくより合理的だと思います。

安普請のキッチンテーブルでも、クロスを敷き、キャンドルを立てれば、立派なディナーが楽しめます。かさばる客用布団、食器がなくても人をもてなすことはできるのです。


日本では収納が多い家ほど暮らしやすいと評価されますが、それがモノを貯め込む温床になっているのではと考えます。

容量がたっぷりあると、安心して買い置きし、結果的には「あれ買っておいたはずなのに……」と。今度は物探しに時間がかかり、新たなストレスを生む。


イギリスにはコテージ、平屋のバンガロー、ステューディオと呼ばれるワンルームと小さな家がいく種類もあるのですが、それらは来客者やモノのための家ではなく、管理しやすいコンパクトハウスとして若者や高齢者に愛されているのです。

2

満足できる家があれば8割がた幸せ

中古リフォームで幸せな住まいを

お金よりも大切な最終目的とは

年を重ねるにつれ、親の持つ不動産をどうすべきか心配な人も多いはずです。増え続ける空き屋、手のかかる中古住宅が日本ではどこか社会の厄介者、価値のないものと考えられています。

イギリスでは廃屋同然の家に手を加えて価値を上げることを「イングリッシュドリーム」と呼び、資本をかけず、無から有を作り出すことに、羨望と賞賛が集まるのです。

40代に入って週に3日間だけ働き、残りの日を自分の家の改装にあてる夫婦に出会いました。その50代の夫婦は、イギリス南西部、チェルトナム郊外の住宅地に建つ築170年が経過したセミデタッチトハウス（2軒長屋）を結婚後間もなく購入したそうです。

2人目の子どもが生まれたばかりだった夫婦が、2階からの眺めだけが取り柄の廃屋のような家を買おうと思った理由は、日本では考えられないものでした。

「内部ときたらスラム街に放置された空家のようなありさまで、バス・トイレなど水回りも排水管からやり直し。でも、ここしか予算が届かないと、妻と即決したんだ」

ご主人は物件の荒廃ぶりを理由に不動産屋に値引き交渉をして、相場よりずっと安い700万円でこの家を取得することができたそうです。

それからというもの、ご主人は1週間のうちの3日間は大工として外に働きに出かけ、生活費となる現金収入を調達。残りの2日間は早朝から夕食時まで自宅の改装にとりかかり、週末は家族とともに庭仕事に励んだり、安価な部材を探しにホームセンターや工事現場を回ったとか。近くの語学学校で秘書として働く妻の収入に支えられながら、彼は3年間ひたすら家の改装に励みました。

広すぎて管理できない庭の一部は隣家に売却し、改装資金の補充もしました。残った約40坪の庭には家庭菜園を作り、新鮮な野菜を自給自足。やがて3人目の子どもが生まれる頃、廃屋だった家は、見違えるほどの美しいガーデンハウスに変わったのです。

1階、2階の庭に面した部分にはリビングを増築したり、外壁を取り壊し床を継ぎ足す困難な作業を含めて、プロの業者に依頼したなら最低でも2000万円はかかる工事を、彼は妻や子どもに支えられて一人でやり遂げました。

そしてこの家は不動産業者に購入価格の約八倍、5500万円と査定されました。60代を目前にご主人は、「あと10年たったらこの家を売り、夫婦で海辺の町に小さなバンガロー（平屋）を購入、残った現金は老後の生活費にあてる」と嬉々として話しておられました。

人生において行動せず、ただ黙っていても、望んだ以上の幸せを誰かが与えてくれるはずがない。廃屋改造で4000万円余りのお金を作り出した彼は、イングリッシュドリームを手にしたのです。

有名なボビー・マクファーリンの歌「Don't worry be happy」は、マインドフルネスの基本的アイデアです。古い、狭いという老朽家屋を「明るい方向だけ」を見て理想の家に変えたのですから。

かつて私達はバブルの恩恵で、あり余るお金を住宅から手に入れました。けれど、それは土地が値上がりし、利益が生まれただけのことです。

イギリスでは「サブレット」と呼ばれるユニークな職業があります。廃屋のような家を安価で購入して、床、壁、キッチン、水回りを全面改装し、購入価格の倍近い値段で売却するビジネスです。

前出のご主人は含み資産を見すえて、早や2軒目の廃屋を探していました。60代から新たに夫婦で改築、改装に挑戦するのだそうです。

最終目的は海辺の小さなバンガローに暮らすこと。その家や庭を改装する費用のため2軒目に挑戦するのです。家族みんなで暮らしてきた家、老後夫婦で楽しむ家と、幸せな住まいを確実に手に入れてきた2人。

無理なローン返済におびえることのない、中古住宅をもとにした理想の家の持ち方は私達も参考にできるエッセンスがつまっていました。

「良い住まい」というモノサシは十人十色

私達はインテリアやガーデニングに熱中し、日本にセンス溢れる家が多いのも事実です。インテリア雑誌をめくれば、天井裏から壁面、床下まで、考え抜かれた食器や服の収納がビッシリです。

テレビカメラ付きのインターフォンやボタンを押すだけでいつでもスタンバイの浴室。通るだけで点灯するセンサーライト。長期優良住宅のお墨付きに、「これでよし」と満足していた人もヨーロッパ、特にイギリスの古くて成熟した住宅を見たら衝撃を受けるでしょう。

くたびれた石壁、ツタバラで覆われた玄関ドアの趣とは裏腹に、室内キッチン、トイレ、バスルームなど水回りはモダナイズされて、ホテルのようにピカピカです。セントラルヒーティング、セキュリティシステムも万全。趣ある佇まいをとどめ、快適に暮らすため必要な部分のみ刷新する、合理的な住まいの考え方です。

国民のほとんどが築60年以上の超中古住宅に住むイギリスの人々にとっては家を補修しながら暮らすことは当たり前のこと。家は持った時が始まり、理想の家は時間をかけて作り上げるものという考え方は、手をかけるほど家の価値が上がるサプライズ付きです。

お湯を溜め込むタンクも大きいものに取り換えれば、勢い良くシャワーが出て、タンクの熱でタオルやシーツがカラリと乾燥するリネンクローゼットも手に入ります。

刷新する考え方があれば、築年数が経った不便な家は「古家＝資産価値ゼロ」とならないのです。

設備ばかりでなく、イギリスをはじめヨーロッパの人々は家の方位についても日本人とは違う考えを持つようです。イギリスでは南向き信仰は弱く、むしろ直射日光にさらされる南向きの部屋は、大切な家具が日焼けして傷むという理由で敬遠されます。

住宅への決定的な差は夫婦の寝室を見れば分かります。家の中の最高の場所、最高の条件の部屋を決して子どもやゲストには渡しません。夫婦のパートナーシップが一番重要だと考えるため、主寝室（マスターベッドルーム）はエンスウィートのシャワー、トイレを付け足し、眺めもいい最高の部屋にするのです。

このように良い住まいの定義は十人十色、たくさんあっていいのです。私達の家はHouseではなくHomeだとイギリス人は胸を張って言います。家を中心に展開される上質な暮らしを誇りにしているからでしょう。

家は「こうでなければ」という考えに縛られるあまり、私達は安くていいかようにも作り直せる中古の価値を見落としているのではないかと思うのです。

ストレスを癒《いや》すゆらめく炎

クリスマスにバース郊外のユニークなB&B（民宿）に滞在した時のことです。そこは１００年間、水車小屋として使われていた建物で、５年前から持ち主がB&Bを開業しました。床下を川が流れ、ハーフティンバー造りの建物のあちこちに歴史の重みを感じる風格のある宿でした。

私が訪れた日、息子さんたちは別のところで過ごしていたので、家族といえば、奥様が一人で私たちのほかに２組のゲストの相手をしていました。オランダからやってきた夫婦と、スコットランドから来た２組の夫婦です。

ご存知のとおりイギリスのクリスマスでは、親しい家族が集まってクリスマスランチやディナーをとります。子どもたちがいる家庭では、暖炉があるリビングルームに集まって、その年のプレゼントを開けるのです。

その日に初めて会った私たち６人は、夕方６時ごろから奥様が振る舞ってくださ

った手作りのディナーをいただきました。昨日まで知らなかった人たちが食卓を囲むのですから、最初は多少遠慮や居心地の悪さもありました。

ところが、ダイニングでの食事が終わり、天井の低いリビングルームでお茶やお酒を楽しむうち、自然に和んできたのです。その功労者は、シティングルームと呼ばれる居間の古い暖炉でした。奥様の話によると、この暖炉は、建物が建った100年ほど前に作りつけられたものでした。


都市部、町中では実際に使えないものの、イギリスの家では、リビングルームの暖炉はフォーカルポイントとなっています。

私たちは、部屋の真ん中に置いてあったソファに座りながらお喋りに興じました。国が違っても仕事とプライベートのバランスで悩んだり、子どものことでやきもきしたりと、その夜の話題は尽きませんでした。

暖炉のそばには椅子があり、話が途切れるとソファに座っている誰かが交代で「火の様子を見るよ」と言いながら、薪をくべたり、串に刺したマシュマロを焼いて食べたり。

皆でクリスマス恒例のクラッカーも引き合いました。中にはジョークが書いてある紙切れが入っていて、それらがあまりにもくだらないので、皆で見せ合って暖炉で燃やしました。それは実に幻想的で心が満たされた経験でした。

ランプが2つのみ。あとは暖炉の炎だけのリビング。

ひとしきりお喋りを楽しんで部屋に戻ったのは、深夜の2時でした。最後まで奥様の片付けを手伝った私は、もう一度部屋の中を見渡し「なぜ、今夜はこんなに話がはずんだのだろう」と考えました。そして、日本で家に人を招くときの違いに思いをめぐらせると、明確な答えにたどり着きました。

それはゆらめく炎です。同じ炎をみんなで見て、その周りで語り合う。太古の人類さながらの、この火のある空間が私たちの親密度を急速に上げていってくれたのです。

そもそも暖炉は、室外でしか扱えなかった火を、うまく室内に取り入れた、文明の最たる成功例といっていいでしょう。

人類史上における暖炉の歴史は、小屋の中心に穴を掘って作った炉に火を入れることから始まったといわれます。イギリスでは17世紀の中ごろからレンガを焼く技術が発達したため、それまで貴族が使用していた暖炉が、庶民の家でも作られるようになっていったのです。

やがて暖をとるだけでなく、食べ物を調理するようになります。煙突ができたことによって、ファイヤープレイスは壁際に移され、産業革命以降になると暖炉で燃やす燃料は木より石炭の利用がより多くなりました。

石炭の場合、燃えるときに煙突から出る粉塵に空気中の水分がとりついて、慢性的な霧を生んだといわれています。「霧の都ロンドン」の由来はここにあります。

1956年に大気浄化法が制定される前までイギリスでは、都市部でも家を建てるときには必ずといっていいほど暖炉を作りました。居間の暖炉、寝室の暖炉と、各部屋に暖炉があったばかりでなく、キッチンにもキッチンストーブと呼ばれる、暖炉のように木や石炭の火を利用した調理器具がありました。今もイギリスの住宅地を歩くと、一つの家から3〜4本の煙突が出ているのはこんな理由からです。

ところが、霧が大量発生したことで気管支炎や肺炎などで多くの人が命を落としたこともあり、今ではロンドンなどの都市部で、暖炉の使用は禁止されています。

その代わりに主流になったのが、お湯が通ったパイプを家中に張り巡らすセントラルヒーティングと呼ばれる暖房。イギリスの新築物件に煙突がないのは空調設備が変わったためです。

それでは暖炉を規制された地域で、作りつけで作られた暖炉は無用の長物になったかといえば、そんなことはありません。暖炉の窪《くぼ》みにドライフラワーなどを入れて飾り棚にしたり、暖炉のフレームに家族の写真を置いたり、そういう意味では火は燃えていなくても、いまだにゆらめく炎のなごり、暖炉が精神的な住まいの中心になっているといえるでしょう。

イギリスでは様々なイミテーションの炎がゆれる電気式、ガス式の暖炉風ストーブが今も使われています。私の自宅の暖炉にも、電気式ストーブがあり、その周りに解体現場で拾ってきた丸太を配置するだけで本物の安らぎが得られます。

また、大衆酒場、パブでは、暖炉のそばの席が特等席といわれています。あるパブでは暖炉のそばの常連さんがいつも座る椅子と知らずにそこに座ってバツの悪い思いをしました。

パブのガイドブックには、そのパブを表す「リアルファイヤー」という表示を掲げています。イミテーションではなく、うちには本物の暖炉がありますよ、ということがその店の売りになるほど暖炉は愛されているのです。

こんな話もあります。17世紀から続くコッツウォルズのパブに行った時のことです。そこでは若くして命を落とした客の幽霊が出るといわれていました。しかもその幽霊は、みんなの話に加わりたくて、常連が集まっている時にだけテーブルにつくそうです。常連たちは集まるやいなやビールを一つ余計に注文して、暖炉に一番近い席に置きます。みんな彼の魂が暖炉に宿っていると思っているからでした。

炎にはこのような神秘的な存在感があるのですね。

イギリスで見聞きしたこんなエピソードから、あることを思い出しました。

私の知り合いで自宅のリビングルームに囲炉裏を作った人がいます。しかも、焼肉屋のテーブルのように天板の真ん中をくりぬいて、脚にはキャスターをつけ、簡単に移動できるようにしたそうです。テーブルを作った理由を聞くと「自然に家族が集まってくるため」とのこと。

彼の家には多感な10代後半のお子さんが2人いました。勉強などほとんどしない少女たちは冬になると、囲炉裏の火を求めてリビングに集まってくるそうです。「炎って、見てるだけで飽きないんだよねぇ」と子どもたち。家族みんなで一つの火を囲む……そのこと自体に何か大きな意味があるように思えたのです。

イギリスでは暖炉が再びブームを迎えています。イギリスという国は伝統がすたれると、必ずそれを守ろうとする揺り戻しが起こる国です。煙突掃除職人は一時期少なくなってしまったため人手不足でしたが、煙突掃除職人団体の働きかけで、その数も再び増加したということです。

洋の東西を問わず、自然と人を集めてしまう家の中の炎。暖炉があれば、明るさ、暖かさ、そして、人と心を開いてつながれる。そして自分の内面と向き合える。

暖炉とはいかないまでも、イミテーションやキャンドルの炎のゆらぎを利用して、私たちも心を開放したいものです。

イギリスにアンティークが多い理由

イギリスの古い町や村には必ずといっていいほどヴィンテージ、アンティークショップがあります。そこで売られているものの多くは建物の解体や引っ越しから放出されたものです。

ヨーロッパ最大級といわれる中部リンカーンのアンティークフェア（私が同行する英国ツアーでも訪れています）を見るとよく分かりますが、たくさんのステンドグラス、ドアなどを売るディーラーに、これらの古い部材をどこで手に入れたのか尋ねると、多くの人が「建物の取り壊し現場から」と教えてくれます。彼らの本業は古い窓を取り壊して一新する際、現場に散乱したものをかき集めるサルベージ（解体建物回収業）でした。

イギリスのアンティーク（主に部材など）は、解体現場のおこぼれだったのです。

「これはヴィクトリアン時代のパブを改装して、レストランにする現場からもらってきた。バーミンガム、ノーザンハンプトン、コベントリーエリアのステンドグラスだよ」

と、自慢するディーラー。窓の取りつけ業者や改装業者の知り合いから定期的に「ぎょうさん出そうだけど来るかい？」と連絡が入り、貴重な窓ガラスを買い取っているのだそうです。

年代も様式もバラバラで、素人目には見分けがつかない古いガラス。エドワード調とヴィクトリア調の違いを尋ねると、「そりゃスタイルが違う。ヴィクトリアンの窓よりエドワーディアンは、より多くの色が使われているし……。いずれにせよ、これはすべて大戦前のものなんだよ」——と。

戦争中、ステンドグラス、木工製品を作る多くの優秀な職人は戦地に送られ、命を落としました。戦後、生き残った職人は、需要が高まる窓を素早く、大量に作れるよう、シンプルなスタイルに作り替えたのです。

地べたに並べられたステンドグラス。40代で自宅を建てた時、そして、「おうちショップ」を作った時、その価値も分からず、買い集めたものです。

「今このようなガラスは作れるんですか？」

そう尋ねる私に、ディーラーは首を振りました。

「作れるが、とても高くつく。新品1パネルなら安くて２００ポンド（3万9千円）。それなのにここじゃ本物がたった10ポンド（１９５０円）で買える。すごいだろう」

先の大戦でステンドグラス職人が命を落としたことも価格高騰の要因となっています。そんな逸品がアンティークフェアやヴィンテージショップには集まっているのです。


イギリスでは、古いものを通して学ぶことが多いといつも思います。ディーラーも風変わりで、家づくりの一芸に秀でています。

家の一部にいにしえの職人達が丹精込めて仕上げたアンティーク部材を加えると、それだけで家はガラリと変わります。ただいるだけでとても落ち着く空間作りに古いものは欠かせないのです。

自然と共に――生垣のゆたかさ

わが家を建てたとき、エントランス、塀、門扉と、建物を美しく演出する外構に随分こりました。オープンスペースにして果樹など植えてみたり。イギリスで撮影した写真を参考にしたものです。

木質の玄関ドア、天然石の外壁、鉄のゲートと、イギリスでは住まいの部材には朽ちて土に還る材料が使われ、それに対峙するよう庭、樹木など小さな自然が配されています。

とりわけ、家を取り囲む「緑の塀」生垣は外側から家の美しさを強調してくれます。

ロンドンの郊外、サバーブの青々とした生垣は「自然」の美学を感じさせ、生垣のあるエリアをゆっくり歩くと、背筋の伸びた秩序ある暮らしが心を満たしてくれます。

イギリスの生垣には歴史があります。農業が始まる前、イギリスの人々は狩猟採集をしていました。生垣は、動物などあらゆる敵の攻撃から身を守る、先をとがらせた木の枝から作る枯れ木の垣根だったそうです（紀元前1000年頃には、生垣は土地の境界を示す印として、利用されていたという説もあります）。

イギリスで大規模な生垣の植林が進められたのは、第一次世界大戦前まで。第二次大戦後の農業政策では、自給率を上げよと、農地では食料を作ることが促進され、1950年以降は、邪魔だとばかりにたくさんの生垣を撤去したそうです。

イギリスから消滅するかと危ぶまれた生垣ですが、このところ再び、その価値が見直されています。

生垣はウサギや野ねずみなど小動物の住み家であり、ベリー類など自然の果実を育み、長きに渡る農業の伝統に欠かせないものと保護運動も活発です。

ロンドン北部の住宅街は、どの家も見事なほど美しい生垣を保全しています。よくこれだけの美しい景観が保てるなと住人に話を聞いたところ、このエリアでは環境保護団体と地元行政区の許可がなければ庭の木1本ですら切れない規制があると知りました。

生垣をつぶすことは違法行為であり、町の景観を破壊すると、庭に物置、ガレージも作れません。だから生垣が美しく保たれている地区に住むには高いモラルも必要なのです。

こういったルールにより、美しい町並みが保たれ、その結果、住宅地として価値も上がり、建物が古くなっても資産劣化の心配はありません。

夏にかけて、生垣の周辺にはブラックカラント、ラズベリーなどのベリー類が群生します。それを摘んで、ジャムやゼリーを作るのも季節の楽しみです。

自然を愛し、自分の家を育てるイギリス的な思想が込められている生垣は、探してみたら東京のわが家の近所にもありました。生垣があるだけで、町並みは美しく、地震でもブロック塀のように崩れてくることはありません。

メンテナンスが必要なので、私はもう少し先のお楽しみに生垣づくりをとっていますｃ今は小鳥が集まり、さえずる生垣を眺めるだけで十分心がなごんでいます。

3

新しい働き方

肩書きなしでも尊敬される

私の父が定年退職して5年ほど経った時、名刺を作りたいと言ってきました。当時、父は私の会社の役員だったため、肩書きは「取締役」。ところで、なぜ名刺が欲しいのか尋ねると、外で色々な人に会う時に、分かりやすいから――と。

父は長年会社の役員だったので、ゴルフ、接待とつき合いもありで、名刺があれば新しく出会った人にもあれこれ説明する必要もなく、便利なのです。

父のように退職した方にお目にかかると、名前と自宅の住所が刷られた肩書なしの名刺を渡されます。日本人にとって名刺は、免許証、保険証に匹敵するアイデンティティの証明なのかもしれません。

既刊の著書で書きましたが、日本では「どこで働いていますか?(Where do you work ?)」と、会社名を聞かれますが、イギリスでは「どんな仕事をしているんですか?(What do you do ?)」が、より重要なポイントです。

日本で就職活動をする大学生にどんな仕事をしたいのか聞くと大手企業名がズラリ。「三菱商事に入りたい」「ＮＨＫがいい」と、会社名を知らされます。

ところが、イギリスの若者に同じ質問をすると「貿易の仕事がしたい」「グラフィックデザイナーになりたい」と、職種から――。ここに大きな価値観の違いがあるのです。

知り合った相手に年齢を尋ねる習慣のないイギリス人は、初対面の人に会社名を尋ねることをしません。

ロンドンで証券会社に勤める友人はパーティーで大勢の日本人と出会うたびに、「どんな仕事をしていますか？」と質問すると、名刺を差し出され「私はビジネスマンです」と言われ困惑していました。

彼は次第にそれが日本人の習慣なのだと分ったそうです。

ヨーロッパでは「私は○○社のビジネスマンだ」という答えはありません。その人の実体が見えないからです。

イギリスで自己紹介をする時、「私は人事担当で、主に人材確保にあたっている」とか「南米から有機栽培のコーヒーを輸入する手配をしている」と、自らの仕事を具体的に分かりやすく説明できれば、スマートで興味深い人と認められます。

会社名、ステータスは所詮アウトライン。人間の本質を肩書き一つですべて言い表すことなどできません。最初から会社名、肩書きをちらつかせず、素の自分をさらけ出す習慣を身に付ける方が賢明です。

英国きっての物流会社を退職された元CEOは、スーツ姿でも、セーターにスニーカーでも、「彼は誰？　何をしてる人なの」と、すぐに注目されます。

その人の挨拶をする時の身のこなし、微笑み、握手の求め方が実にスマートなのです。それを見れば誰もが成熟したキャリアや知性の持ち主だと分かるのです。

彼は財を成した今も、決して威張ることなく、誰に対しても美しい作法で向き合います。名刺を出さなくても、一瞬にして人に尊敬される。とても羨しい年の重ね方だと思いました。

英語への近道

80代でラジオを聞いて日常英会話をマスターした日本人の女性がいました。その方は「イギリスでホームステイする夢」をかなえたい一心で英語に取り組みました。そして2年後、彼女はおばあちゃんと呼ばれる年齢で念願の単独ホームステイを果たしたのです。

個人の自己実現からスキルアップまで、英語取得が欠かせない時代となりました。

昨今では多くの大手企業が、昇級・昇進の条件として英語力を求めています。たとえば、主任になるにはTOEICで550点以上、係長は600点、課長級クラスになると650点以上のグレードが必要、というふうに、外資系にとどまらず、日本企業もグローバリゼーションを戦い抜くためそうした規定を導入しています。

右肩上がりの経済成長を達成していた頃ならいざ知らず、「万年平社員」で終わらないためにも、英語をマスターすることは未来への切り札。英語を学べば補助金も出るとあって、サラリーマン向け英語学校の早朝コースはどこも盛況です。

ところが、1日中仕事でクタクタになったあと、ビジネススクールの英語コースや英会話学校で英語を勉強するのは重労働。冒頭ご紹介した80代の女性のような強い動機がなければ難しいでしょう。

そもそも私達は中学、高校、大学とひととおり英語を学んだはずなのに、なぜ英語が話せないのでしょうか。

それは多くの日本人が英語を学問としてとらえているからではないでしょうか。英語というのは本来コミュニケーション能力なのです。

たとえば海外に駐在するビジネスマンが、駐在先の国に子どもを連れていき、現地校に入れたとします。その子どもはたちまち英語を話すようになるでしょう。それは子どもたちが英語を勉強しようと思って努力したからではなく、現地校の子どもたちの仲間に入って遊びたいという思いから、カタコトで話すうちに英語を習得するのです。

英語は遊ぶための手段なのですね。

ネパールの山岳地帯に行った時、学校へ行かずに労働力になっている子どもがいきなりやってきて、写真を撮ってやるから「Give me money」と私にお金を求めました。そして持ってきたエベレストの絵ハガキを押しつけ、Nice view Mount Everest.」（エベレストの素晴らしい景色だよ）と片言の英語で商売を始めたことは忘れられません。新疆ウイグル自治区ウルムチでは、野菜を売る幼いムスリムの少女が英語を話し、将来通訳になりたいと目を輝かせていました。

最近の日本の教育の中では、小さな子どもたちに早いうちから英語を習わせようという動きがありますが、アジアの貧しい地域の子どもたちは、独学で片言の英語を話し始めています。彼らは生活のための手段として英語が必要だからです。

つまりこれもコミュニケーション能力なのです。

本来、強い動機があれば英語は誰にでもできるものです。

何を隠そう、私が持っている英語の資格は、英検４級のみ。肝心の英語も中学・高校の授業で勉強しただけです。けれどたいていの取材には不自由しません。なぜならアルファベットはわずか26個しかありません。英語は極めて簡単な世界共通語なのです。

私の英語は、最初は知っている単語をつなぎ合わせただけの「カタコト英語」でしたが、外国人と旅行したり、商談するため、必死に単語をつなぎ合わせて会話を成立させました。

早く修得する秘訣は夢中で観た映画の台詞、丸暗記作戦も功を奏しました。たとえば、「Thank you.」ではなく、「You are very kind to help me.」（助けてくれて何て親切なんでしょう）というふうに、ちょっとひねった表現も丸暗記して使ってみるのも楽しいものです。

英語習得に、必要以上の金をかけたり、苦行のようなトレーニングを積まなくても、「ホームステイする」「海外で働きたい」「国際結婚をする」と、そこに強い動機があれば大丈夫です。

仮に英語を使った仕事を目ざす人が、なかなか上手くならないとしたら、その仕事そのものに本気なのか、考えてみる必要があるかもしれません。

「やりがい」と「企業ブランド」で仕事を探さない

先日、新聞の社説を読むうち、首をかしげてしまいました。

「就職が決まらないことが明けても暮れても心に巣くって離れない」「内定がとれないと、学内でも負け組扱い。就職するために大学に入ったんじゃないのに」という若者の悲鳴が、毎週のように新聞社に投稿されるというのです。

企業は採用を絞り込み、勝ち組争いは熾烈化しています。そして、２０１４年の大卒者のうち、進学も就職もしなかった人は2、3年前に比べれば少なくなってきたものの、正規の職員でない人はまだ多いのだそうです。

「人柄」や「即戦力」といったあいまいな基準で落とされ、会社説明会の予約すらとれない状況に若者は自信を失い、将来に影を落としていく。

けれど、今の日本には本当に仕事が、就職先がないのでしょうか。

28年にわたって出版社を経営してきた拙《つたな》い経験から見ても、就活に明け暮れる若者は働くという気構えが脆弱な気がします。「挨拶」「礼儀」「社会常識」に乏しく、自意識ばかり大きくなっている印象がぬぐえません。

社員50人以下の中小企業の経営者は、「大卒より、どこかで基本を叩き込まれた中途採用が一番楽だ、30代半ばで家庭を持っていれば働く動機も明解で、仕事に没頭してくれる」と言います。

ゆとり教育で育った新卒は注意しづらい、一兵卒として学ぶとはいうものの、泥仕合に弱く、困難にぶつかると、もたない。揚げ句、「自分のやりたかったことは別にある」「嫌になれば他がある」と、あっさり方向転換し、3年以内に辞める人は全体の3割にものぼるといわれています。

すでに書いたように、新卒の就活といえば、大手・有名企業への偏りはぬぐえず、人手不足の小さい企業では、募集を出しても良い人材が集まりません。

公務員人気は不景気な時代だからこそ高止まりのままですが、そもそも就職するとは、働いて賃金を得る行為です。人も羨む有名企業や人気職に就くことで完結するわけではありません。

国内の工場では、何度募集しても日本の若者が集まらず（もしくは、すぐに辞めるため）、熱心に働く外国人を雇用したという話もよく報道されています。

アジア各国など、発展途上の国から来た若者の、仕事に取り組む真摯《しんし》な姿勢には胸を打たれます。「技術を自国に持ち帰る」「家族に仕送りをする」など、来日した理由は様々ですが、途中で物も言わず職場を立ち去る甘さが見られません。

日本の競争力が国際社会で問われている今でも、働くことと稼ぐことと位置付けない甘さはどこからくるのでしょう。十人十色、人生で追うべき夢はあると思いますが、まずは家賃やローンを支払い、食べて、家族を養う、あるいは夢に向かってお金を貯蓄する。その地道な日々にキャリアや判断力は養われていくはずなのに。


ところで昨今、夏休みになるとイギリスのあちこちに中国人学生が大挙をなしてあらわれるそうです。チェルトナム、ケンブリッジなど学園都市の現場教師は口々に中国人の勤勉さに日本人学生は圧倒されているといいます。寝食を惜しむように、何が何でも英語をものにするという姿勢は、やることが見つかるまで、とりあえず海外で、という遊学とは異なるもの。

この気迫の差は一体どこからくるのでしょうか。

就活の勝ち負けは、日本国内の競争です。

けれど、韓国、中国はおろか、インド、ロシアなど、新興国で熾烈な戦いをくぐり抜けた若者たちと世界で同じ土俵に立った時、日本人学生の何割が渡り合っていけるのでしょうか。

最年少でノーベル平和賞を受賞したパキスタン人のマララ・ユスフザイさんが銃弾に倒れ、一命をとりとめるためイギリスの病院に搬送されたことはご存知でしょう。マララさんはその後も中部バーミンガムに暮らし、イギリスの学校に通いながら教育の重要性を世界に訴えています。

内戦で破壊された故郷では、タリバンによって女は教育を受ける権利がないとされました。そのような境遇で育ったにもかかわらず、先だって実施されたイギリスの学力テストで、彼女は全教科高得点をとったとニュースが流れました。

塾ではなく、テロリストとの戦いにさらされ、「教育の力」を訴え続けた彼女には「やりがい」や「就活」を超えた不屈の意志がありました。

何が何でも仕事を見つけ、稼ぎたいという若者であれば、小さな企業は諸手を挙げるはずです。ただし、小さな組織に躾《しつけ》のイロハを教えている余裕はありません。勤労意欲を高める手助けや、働く意義を説く時間も惜しいほど、日々の業務に追われているはずですから。

くどいようですが、偏差値よりも、実社会で抜擢される人材とは稼げる人です。向上心やユーモアのセンスなど荒削りでも、人としてのバランスも必要でしょう。

そういう点では、今の教育や大学のあり方は現実社会にリンクしていない気がします。国は税金を投入してセーフティーネットを作るといいますが、私達はこのへんで大人が寄ってたかって働く意味を曖昧にしてはいないか、もう一度、若者との向き合い方を考える必要があると思います。

「できたらいいな」でかなう仕事の夢

この数年間、時間の速度に追いついていけない自分を感じています。本の執筆、テレビや雑誌のインタビュー、連載。そして住宅やテレビ番組の審査委員、年度末に必ずやってくる決算、その他もろもろ。お会いする方に「いつ休んでいらっしゃるんですか?」と、問われます。

今や休息といえば夜眠る前の1時間くらい。さあ、たまには――テレビでも観るかと深夜、テレビをつけても知らないタレントさんが出ているバラエティー番組か、アニメぐらい。

そんな時、見ているだけで気分が高揚するのがテレビショッピングです。双璧は「QVC」と「ショップチャンネル」、知っている方も結構出演しているこの全国放送、疲れとストレスでモヤモヤする夜に見始めると、止まらなくなります。

女性とは不思議なもので、心身共にヘトヘトになると小さなごほうびが欲しくなるもの。
ノルマの厳しい広告代理店で、営業職に就く女性に「なぜか閉店間際の店に飛び込んで、服やバッグを衝動買いするんですよ」と聞きました。こんな女性をひとくくりに「買い物依存症」と呼び捨てるのは、買うことによる癒しを理解しない男性たちではないでしょうか。酒やパチンコによるストレス発散と、1枚数千円の服に喜ぶ心理は紙一重です。

さて、真夜中のテレビショッピングですが、ある夜、ストレッチパンツを紹介していました。
「お客様ぁー、見てくださぁい。こーんなに伸びるんですよぉー」（キャスト）
「縦にも横にも伸びて、キックバック抜群なんです」（メーカーの男性）
「ついでに、ニットもいかがでしょうか。これもすごーく伸びますねぇー」（キャスト）
「この伸びが二の腕もカバーしてくれるんです」（メーカーの男性）
興奮と冷静の間……キャストとメーカーの男性2人が、交互にパンツやセーターを引っ張り合っています。なぜ、伸びることをこんなに強調するのだろうか。あんなに引っ張ってセーターは破れないんだろうか。

不思議な思いで画面を食い入るように見つめる私。たかが普通のパンツとセーターです。ちょっとラインストーンが付いて、フリルもあしらっているくらい。「ユニクロ」に行けば、もっと今風の服が安く手に入るのよ。冷静になれと、自分に言い聞かせつつ、催眠術にかかったように電話をかけて注文してしまいました。恐るべしテレビショッピング。洗脳されてダイヤルする自分の意志は、スタジオで服を引っ張り合いながら絶叫する出演者に吸い込まれていきます。


取り寄せてみれば、ごく普通の服でした。さすがブラウン管のマジックです。イギリスに行けば、もっと素晴らしい服が、もっと安く買えるのに。なぜ、深夜テレビで見る服や靴の数々は、あんなにも魅惑的で手に入れたくなるのでしょう。デパートでは眺めるだけで満足できます。けれど、ショッピング番組の商品は手元に引き寄せ、買ってみたいという衝動に歯止めが効かないのです。

思うに、最近はネット通販をはじめ、どこからでもモノが買えてしまいますが、何だか味気なさを感じます。かといってショップや、駅ビル、デパート、アウトレットは夜9時には閉店してしまい、多忙な女性にとってはタイミングが合いません。

そんな折、深夜でも早朝でもテレビをつければ、気合いを入れてモノを売っているテレビショッピングは奇特。視聴率が良いのか、有名女優やモデルまで登場して、手がけたものを完売させてしまう話術には感心します。

あんなふうに自分が良いと思う商品を企画して、丁寧に、分かりやすく話せたらどんなに楽しいだろうか。

マインドフルネスとは「念」。今の自分の心に注意を向けて生まれる意識だといいます。

純粋な念はチャンスを呼び込むものですが、何と、私のもとに夜ごと夢中になって見ていた番組から「番組、やりませんか」というお誘いが舞い込みました。信じられない夢のようなオファーです。私は、見る側から売る側へ立つのでしょうか。これぞ、人生の転機かもしれないと飛び上がり、その夜は真剣に、声をかけてくださったほうの番組を見ました。

ああ、この番組に出演した暁には、私はいったい何を売るんだろう。考えるだけでワクワクしました。こんな偶然があるから人生は面白いのですね。

興奮覚めやらぬまま、御祝儀買いしてもいいかなと、低周波治療機能が付いた電気マット・セミダブルサイズをさっそく注文。ちょうど冬の寒さがこたえていた時期だっただけに、寝るだけで肩こりもとれ、大満足でした。

さて、大騒ぎした番組の件は、仕事のスケジュールとの兼ね合いで、見送りとなりました。ですが、この一件は、本腰を入れ始めた英国製の服や雑貨の買い付け、百貨店などのフェアで販売する仕事への追い風になったのでした。

「こんな仕事、できたらいいな」と強く願い、興味を持ち続けると、必ず夢はかなう。

人の「念」はあらゆる流れを思った方向に導くものだと今でも信じています。

命をかけた仕事の価値

パリ同時多発テロ以来、ロシアとヨーロッパが空爆を開始し、シリア情勢は目が離せません。２０１２年8月、ジャーナリスト、山本美香さんがシリアで銃撃されたニュースも日本中を駆けめぐりました。その直後、公私にわたるパートナー佐藤和孝氏の会見に出向いた時のことです。沈痛な面持ち、内外の記者が集まる中、会見は黙祷で始まりました。

日本では働く場がなかった、女性ビデオジャーナリストの山本さんは、「ジャーナリズムで戦争は止められる」と佐藤氏と共にタリバンが占拠するアフガニスタンをはじめ、世界中の紛争地帯を取材。命を落としたシリアでは軍が市民の住宅地を空爆する異常な殺戮が続いていました。

なぜ美香さんはそんな危険な地に飛び込んだのでしょうか。

実は、紛争地帯にはイスラムが絡んでいる事も多く、厳格な戒律のもと、女性は男性に支配されています。30年以上イスラム社会を取材し、じっこんの人間関係を築いた佐藤さんですら、男性であることから台所、産院など女性の領域には入れません。ましてカメラを向けるなど、絶対に不可能だったといいます。

女性ならでは、いや美香さんにしかできない役割がそこにありました。思いやり、しなやかさ、優しさを持って、イスラムの女性が身体を覆うブルカは抑圧か、保護ベールなのかなど、女性たちに寄り添い、真の声を伝え続けたのです。

事件後も冷静だった佐藤氏でしたが、「この先も彼女ほど信頼し合い、共に取材する人はいない」と相方への思いを吐露しました。

「正義感の強い美香は、正しいことを正しいと言う人。今の日本で言葉はあやふやになるけれど」――と。

IS――「イスラム国」に捕らわれ、テロリストに殺害された後藤健二さんの事も忘れられません。

人道的立場で支援する人、ペンの力を信じて伝える人。紛争地帯で命を落とすのは決して政治家ではない。真っすぐな思いの一般市民ばかりです。

自分が何とかせねばという情熱やプロ意識に駆り立てられ、紛争地帯に飛び込む人々。彼らを守ったり、制する手立てがなかったのだろうか。そればかりを毎日考えています。

昨年の夏、ヨークシャーを訪れた際、危ないと身構えたことがありました。時間がないため、ブロンテ博物館のあるハワースからイスラム系移民が多く住むブラッドフォードを経由してリーズまで、おおよそ1時間、キャブに走ってもらったのです。

彫りの深い運転手はイラク人の移民2世。私達が乗り込むなり、延々とイギリスへの不満を喋り続けます。英語のできない自分たちは立派な仕事に就けない。イギリスは物価も高い、教育も不公平。イギリス人はズルいじゃないか‼　語気は鋭いナイフのようにとがってきました。

彼はイギリスには未来がないと言い続け、モスクを見つけるなり、電車の時間を気にしているこちらのことなどおかまいなしに「寄っていこう。中を見せてやる」と誘います。断るのに四苦八苦でした。

下車するなり男性スタッフは「あの運転手やばいですよ。ゆくゆくあっちに行くんじゃないですか」――と青ざめていました。
このような若者がリクルートされて戦闘員に志願するのだろうか。ともあれ、私たちは連れ去られるのではと本当に怖い思いをしました。

湯川さんと後藤さんの間に立ち、自信たっぷりにナイフを振りかざしていた男は、ロンドン出身の青年と報じられました。過去にはＢＢＣのラジオ番組「BBC Radio 1」で自身の曲が放送されたこのラッパーは、アメリカ・イギリスのジャーナリストを殺害した人物とされています。

母親はドラッグや暴力、刃物を使った犯罪など発生するイギリス社会に不安を持ち、子どもを学校に行かせず、自宅にこもって一般中等教育修了試験の勉強を教えたそうです。

彼が過ごしたマイダ・ベールから中東の人が多く集まるロンドン屈指のエジウェア・ロードまではパディントン駅を挟んでそう遠くありません。

2つの地点で共通しているのは、お金を持つムスリムが多く暮らしていること。育った環境にもよるのでしょうが、高級住宅街、音楽に親しんだ彼が、まだ20代でこのように残虐なテロリストに変わるとは。だとすれば、人は何によって形成されるのでしょうか。

マララ・ユスフザイさんが2013年7月に国連演説で命がけで訴えた一人の子ども、一人の教師、1冊の本が、テロリストを根絶すると信じたい。10代の少女ですら命がけで成し遂げたいことがあるのです。

聖書の一節、「狭き門より入れ、滅びに至る門は大きく、その路は広く、これより入る者多し。命に至る門は狭く、その路は細く、これを見出す者なし」――（マタイによる福音書　第七章）を思い起こします。

狭き道に通じる仕事、それは多くの場合、他の誰もやりたがらず、やれない、尊い仕事なのです。

自分は悪くないという主張は、クセだと悟る

最近、仕事のミスを謝らない人が増えてきているように思います。サービスの悪い店員、書類を書き間違えた業者など、自分の過失で発生したトラブルに「申し訳なかった」と謝り、解決策を提案する人がとても少ないのです。

自分は決して悪くないと声高に主張する人を見ると、こちらとしては二の句が継げなくなります。

手を打つべきは、現段階で起こったトラブルを解決することであり、それまでの経緯というのは、さほど重要ではありません。

自分の落ち度がなかったと必死に主張する姿は見苦しいものです。大人であれば素早く原因を解明し、今現在できる事が何なのか、二の手、三の手で将棋の駒を指す方がスマートです。

そんな姿にこそ働く人の美しさが出ると思うのですが。

トラブルによって、迷惑を被《こうむ》る人は確実にいます。心理的ダメージを受けたり、金銭面の喪失だったり。問題がいったん起きてしまったら、できるだけ傷口を浅くする、その事に意識を切り替えるべきではないでしょうか。

トラブルから新しい可能性をつかむ、転んでもタダで起きない人が、ビジネス書でいう「デキル人」です。

デキル人は怒らせた相手のもとへさっさと謝りに行き、その潔さを認められ、そこから新たなビジネスをスタートさせます。いさぎよく謝る姿勢に、相手は感銘を受け、この人ならずっと付き合っていけると思ってくれるでしょう。

そういう人が成功する人だと教わってきました。

そして常に言い訳をしない自分でありたい。真っすぐに生きるんだと自分にすり込んでいます。

一方、反射的に保身に回る人は、「悪くない」という主張がクセになっています。

確認を怠った自分、連絡をしなかった自分……、それを認めまいとすることから憤るわけです。それは後味悪く、他人の目を絶えず気にする不健康な状態を作り出します。それこそ忌避すべきです。

テクニカルな言い訳は人にすぐ見抜かれて、自分の品性を落とします。それより、心を込めて今この時を生きることで、凛とした自分が生まれてくるはずです。

「稼ぎ手が夫だけ」はリスクが高い

吉祥寺で朝のインタビュー前に地元のスタバに立ち寄りました。外のデッキで冷たい風の吹きすさぶ中、ピンヒールが似合う若いお母さんが、フェラガモのエナメル靴を履く、これまたオシャレなお母さんと立ち話をしていました。

「ママ、おうちに帰ろうよ」とレザーコートの裾をひっぱる子ども。上の子を幼稚園に送ったあと、スタバに集い、よもやま話に花を咲かせる彼女たちは女子大生のよう。夫の収入で食べられる恵まれた専業主婦のようです。

巷では待機児童の数が増え、仕事に出たくても出られない母親が急増中。横たわる格差。富と貧の境界線はこんな朝の光景にも感じられます。

先日、ニュースで住宅ローンを払えない父親が、「失業した今、生活は妻のパート代5万円でやりくりしている」と訴えていました。一家4人、このままでは1200万円のローンが返せず、自宅を手放すしかないと嘆くのです。

父親は年の頃30代。ブランドに身を包み、朝のコーヒーを楽しむ母親の夫も同じくらいの年齢でしょうか。どこで人生は分かれるのか。職場によってか、嫁ぎ先だろうか。

子どもを抱えて走り回った20代、預け先を探して、探して、働きつないだフリー編集者時代を思い出しました。

子どもは社会の宝といいつつ、仕事を始めたい母親にとって、預け先のない現実は最大のネックとなっています。

イギリスの女性たちは、週2〜3日、3〜4時間と細切れに働くワークシェアリングで、コツコツと現金収入を得ています。『イギリス式 年収200万円でゆたかに暮らす』（講談社+α文庫）などで何度か紹介しましたが、仲間とカフェを始めた女性たち、部長職を2人の女性と交互にこなすなど、子育て中の女性から中高年までが、時には掃除、ヘルパーなどの仕事も手伝い、収入を得ていました。

イギリスでは、お金のあるなしに関係なく、ほとんどの女性がボランティアも含めた何らかの仕事に就いています。

夫だけが働き、妻がママ友とおしゃべりして、ランチを優雅に楽しむというのは、イギリス的価値観から見ればアンフェア（不公平）で、とてもリスキーです。突然夫が失業したり、病に倒れた場合、妻には収入の途がないのです。ワークシェアリングなど工夫して少しずつでも働いていれば、「稼ぎ手」としての意識や感覚が劣化することも防げます。好むと好まざるとに限らず、人脈もでき情報も入ってきやすくなるでしょう。

子育て中なら預け先の問題はつきまといますが、母親同士協力したり、実家や兄弟に助けを求めるなど、何らかの協同体を作ることも可能です。

私は子育て中、ロンドンで取材に走り回る時のために、旅行会社の人から同世代の子どもを持つお母さんを紹介してもらいました。見知らぬ私達にご飯まで食べさせてくれ、渡英のたび娘を預かってくれた優しいお母さんとご主人、娘さんのおかげで現在の仕事の基礎を築くことができたのです。

女性が働くということは、たくさんの人手が必要です。

リストラ、病気と、いつ、何時、夫の収入が絶たれるか分かりません。女性は少しずつでも仕事を続け、社会と関わり、働くことへの耐性を保っておくことで、無用な心配を回避できると思います。

4

満足優先のおしゃれと健康

古着を堂々と楽しむ

結婚、離婚を経て子育てをしながら20代を過ごした私の暮らしの優先順位は、食・住・衣、それ以外は考えられませんでした。成長期の娘の食事を気遣いながら、家のローンをコツコツ支払うと、服にお金をかけるゆとりなどありません。そんな私にとって、デパートで服を買うなどは夢のまた夢。

だからといっておしゃれをあきらめた訳ではありません。19歳から編集者として働いていたこともあり、人に会うことが日課だった私は服装にもそれなりのこだわりがあったのです。

おしゃれにお金を使えない私は、イギリスや日本で質のいい古着を探しては自分なりの着こなしを楽しんでいました。

イギリスの古着といえば渋谷、原宿に匹敵するカムデンタウンやケンジントンマーケットの、トレンディかつヴィンテージなマニア向けのものと、各家庭から出る一般的な古着の2種類に分かれます。
私はいつも後者を買っては仕事用にしていました。

質の良い普通に着られる古着はイギリス全土のチャリティショップでも買う事ができます。「OXFAN」や「Save the children」「red cross」などボランティアの主婦たちが各家庭から寄付された古着や不要品を販売し、公共施設や慈善団体の活動資金にしています。

ながめていると、どのチャリティショップも開店と同時に地元の買い物客がひっきりなしに訪れて、「新入荷」した掘り出し物を探しています。たいていの店は奥が倉庫になっていて、持ち込まれた古着を仕分けする人、アイロンをかける人とボランティアの男女がせわしなく立ち働いています。

ベビーカーを押し、ケンブリッジの町を歩いていた時のことです。教会裏の倉庫のような建物に「CHARITY BAZAAR」と垂れ幕が下がっていました。その日は4月でも肌寒く、雪もちらついていたため、何か首に巻くものが欲しいと思い中に入ると、山のようなマフラーやスカーフがダンボールにこんもり。

「everything £1」（すべて1ポンド）という表示に胸を躍らせ物色すると、ペイズリー柄のカシミアのストールが出てきました。付いているタグを見るとエルメスと分かり再び驚きました。

服にお金を使うことができなかった私にとって、数ポンドで質のいい物が手に入るチャリティショップでの買い物は無理のないぜいたく。ロンドンではながめるだけのバーバリーやオースティンリード、リバティのワンピースやコートまで、運がよければたった数百円で手に入るのです。

スコットランドやヨークシャーのチャリティショップでは、ボランティアワーカーによるハンドメイドのセーター類も販売されていました。ソールズベリーのチャリティショップでは新品の手編みアランセーターをわずか800円で購入。通りをへだてたブティックのショーウインドゥに飾ってあった乳白色のアランセーターの3万円近い値段を見てあきらめていただけに、レジで支払いをする時には手がふるえました。

当時は東京・杉並区のアルコール依存症の回復と自立の支援をする目的の救世軍バザーもよく利用したものです。

イギリス、日本どちらの古着も、リーズナブルな値打ち品であり、それを買うことでチャリティに繋がる心から満足できるシステムです。

しかも、高額な宝飾品や服を遠慮がちに着るよりも、どんどん使い、着込むことができます。

電通総研の調査では、20代の女性にナチュラルテイストのフワッとした「森服」は「モテ服」を大きく上回る人気でした。その根底には、「人からペースを崩されたくない」「着心地がより大切」と自分の満足度優先主義があったのです。

とても共感できます。お金がなくてもいい服を探し、身の丈に合ったおしゃれを楽しんでこそ、成熟した大人の証といえるでしょう。

イギリスで学んだ 冬じまい、春支度

東京の古着店に私の古い服を持ち込んだところ、対象になるのは指定されたブランドのみ。しかも、可愛いデザインのものしか引き取らないと言われ、渋々あきらめました。

最近の古着店はセレクトショップ並みにチェックが厳しく、フリマ感覚などもってのほか。店員さんたちは、どんな小さなほころび、シミも見逃しません。古着は人気ブランドのものでなければならず、1年以内の新古品に近いもの。物余り日本で、売り手の立場は弱いのです。

イギリスのチャリティショップ、セカンドハンド（中古）を扱う店では、ボランティアが持ち込まれた古着を修繕したり、アイロンをかけ、タンスの肥やしをきれいな服に生まれ変わらせます。

ある時、掘り出し物を探そうと、店の扉を開けると、レジの横からウィーンというモーター音が聞こえてきました。

何かと思い、音のする方向を見ると、店の女性がハンガーに吊るした木綿のワンピースに小さな携帯スチームアイロンを当て、しわを伸ばしているのです。

ウィーン、ウィーン、シュワッ、シュワッと蒸気を吐くそのアイロンとともに、花柄ワンピースのシワが瞬く間にとれて、美しいシルエットがよみがえりました。

カウンターの上には誰かが寄付したらしいカラフルな編み込みセーターが積み上がっていました。いずれもみすぼらしく毛玉がたくさんついています。

デザインはかわいいのに、これでは使い古した毛布のようです。どうするのだろうと見ていると、アイロンがけを終えた彼女は、電気カミソリのような毛玉取り器をセーターの上にはわせながら、デコボコをとっていきました。

ヒューン、ヒューン。

その真剣な表情たるや、まさにアンティークを修理するクラフトマンのよう。セーターのタグには有名ブランドの名が。新品で買えば10万円近くするであろう高級品です。いかに古着といえども失敗は許されません。毛糸が絡まればお払い箱ですから。

想像以上にその人の手さばきは素晴らしく、ヒューン、ヒューンと毛玉とり器もなかなかいい音を出しています。

やがて、カラフルな編み込みセーターの模様はくっきり色鮮やかになり、カシミアのふっくら、つややかな質感がよみがえりました。

これなら、デパートに並んでもお古と分からないかもしれません。

ここの古着は、どれもコレも新品同様にパリッと糊が効き、適度に人肌をくぐった着心地の良さがあると思ってましたが、その陰ではこんな丁寧なメンテナンスがあったのだと知りました。


すてきなことだなあ。あの女性と同じことをしてみたい。

こうなったら何としても道具を揃えようと、東京に戻り、さっそく近くのディスカウント店で、服をハンガーに吊るしたままシュワッとシワがとれるケータイアイロンと、髭剃りのような毛玉とりを求めました。どちらも1000円程度です。

さぁ、冬ものの春じまいです。英国製ウール100%、シワだらけのスーツと、袖を通すたびに毛玉が不快だった普段着セーターを探しました。

シワは何分くらいで伸びるのかしら。本当に毛玉はとれるのかしら。早く買ってきた道具で試したい。

ところが、どんなに脱衣所やクローゼットの周りを探しても、冬服が見つかりません。

一体どこにしまったのか。ベッドの下に放り出したのではないか。まさか洗濯機に間違って突っ込んではないだろうか。

最近、こんなに切羽詰まって何かを探したことがあったかしらと思うほど。定期券か財布をなくした時のように、恐ろしい執念で探しました。

ふと手元を見ると先週出したクリーニングの控えがありました。あろうことか私は手のかかる冬服、すなわちスーツ、ワンピース、毛玉いっぱいのセーターを一切合切、4つの紙袋に詰め込んで、クリーニング店に出していたのでした。

なんてことをしたのだろう。せめてあの中のシワくちゃジャケット、1枚の毛玉セーターでもあれば、幸せなメンテナンスができたのに。

部屋に並んだ小さなアイロンと毛玉とり、そしてアイロン台が恨めしい限りでした。

その後、押し入れにしまいっぱなしにしていた袋から、ポコポコと見事な毛玉が付いている赤いセーターを発見。アイロン台の上に丁寧に敷いて、毛玉とりを開始しました。

ウィーン、ウィーンと鳴り響くモーター音。面白いほど毛玉がとれていくのです。なんだか心までがきれいになるようで、禊《みそぎ》を落とすとはこのことか、とさえ思いました。

数分後、赤いセーターは、「今度、会社に着て行こう」と思える「よそ行き」となり、とても得した気分になりました。気に入っていたのに、数回着ただけで毛羽立ったので、お蔵入りとなっていたのですから。

このまま、あらゆる忘れ去られた服のシワと毛玉をとって、仕事着に生還させよう。部屋の片隅で丸まっていた服が次々と息を吹き返す。まるで庭の草花が長雨のあと、少しずつ花開いていくようでした。

持ち服に袖を通すと前向きになれる

カーテンを開けて空が晴れ晴れしていると、それだけで得した気分になります。か弱い冬の陽ですから、早く洗い上げた洗濯物を干したいと、夜洗濯機を回しておくのも、すっかり習慣となりました。

それにしても、冬の洗濯物の量ときたら洗っても洗っても終わりません。長袖のヒートテック、トレンカ、レギンス、フリースと何枚も着込んでいるせいでしょうか。これが成長期の子どものいる家庭なら殺人的量となるはずです。

セーターなど、ウール製品やブラウスは汚さないよう着よう。アイロンがけも減らしたい。せっかくの休みが洗濯→たたむ→アイロンがけで終わるのを避けるためです。

服のメンテナンスはやり始めれば楽しい仕事ですが、「週末時間」が、家事や用事で2時間足らずしか満喫できません。新聞を読んでいたら、イギリスで6歳以下

の子どもがいるカップルの1日あたりの平均自由時間は約4時間程度とか。仕事を持つ人が思うように休みを使えていないのは、イギリスも同じです。

余談ですが、かつての私は、数え切れないほどユニクロを買い込んでいました。限定価格になる週末にちょっとのぞくともう大変。自分のものばかりか家族や友人の分まで、安い！　丈夫だ！　と買い込んでしまい、引き出しの中はユニクロで爆発状態。

服は「順番に着て洗うを繰り返さないと痛んでいく」とは、服の手入れの上手いイギリスのおばあちゃんに教わったことです。羊毛、コットン、シルクなど天然繊維はタンパク源。定期的に洗って日に干さなければ虫食いなどで生地は劣化していきます。

だから、冬の晴れた日に洗った服を干せるよう、4月初めまでクローゼットの冬物を何回ずつ着れるのか、服ローテーションを考えて、ユニクロの大半は店に持ち込みリサイクルしてもらいました。かわって出番の少なかった服を目立つところにかけておきます。

気が付くと、ロンドン・セルフリッジのセールで買った「よそいき」がクローゼットの隅っこにずんずん押しやられていました。講演会で一度着たきりの服。使い捨てにはしないけれど、確実に服ローテーションからはじかれているおしゃれな服を着るために、もっと世の中に打って出ねばと妙な決意まで立ててみる。まんべんなくすべての服を着続けるために、頑張ろう。イギリス取材、講演会、インタビューなど。

服から始まる行動計画は、考え始めると思わぬ力がみなぎってきます。

古着を贈るびっくり箱を作ろう

コート類など丈の長いものは別にして、B級セールで安く買い求めた服は、きれいにたたんだ状態で一つの箱に入れておきます。イギリスで教えてもらったびっくり箱を真似た工夫です。

イギリスで収納について取材をしていた時のことです。

「実は、これサプライズボックスなの。友達やゲストが泊まりに来た時、ここから好きな服を選んでもらって、プレゼントするのよ」

と、年配の女性に教わりました。

年若い親戚の女の子達はロンドンの彼女の家に来るたび、このベッドチェストを開けては、大喜びで服を選ぶのだそうです。

「大変な人気よ。だけど、どんなにねだられても、ありったけあげてしまうことはしないわ。そうしたらありがたみが薄れて、飽きたらすぐにゴミ箱行きになってしまうもの」

彼女がこう言うのも無理はありません。

イギリスでは喜ばれずたらい回しされる「いらないクリスマスプレゼントが約380億円にのぼる」と、デイリーメイルが報じて、無意味なプレゼントのやりとりを見直そうという気運が生まれているからです。

繕《つくろ》うことはあっても、捨てることのできない彼女には、お金をかけたプレゼントがむげに捨てられることが耐えられないのです。

「どうぞ開けてみて。あなたにも一つプレゼントするわ」と言われ、箱をのぞき込んだ私は、アンティークマーケットで掘り出しものを探す時のようなわくわくした気持ちになりました。いずれの服も古着ながら、きちんと手入れされて、60年、70年代風のすてきなビンテージファッションのよう。

これが捨てられようとしていた服なのでしょうか。

迷った末に選んだのは、両肩にあめ玉のような丸いボタンがついたサーモンピンクの袖なしシャツでした。

「前にフランスで買ったかわいいボタンが裁縫箱に残ってたから、アクセントにつけてみたのよ。世界中に一つだけのオリジナルよ」

さっそく着てみると、古びたピンクのボタンがクロップドパンツに良く似合いました。アンティークマーケットのあるロンドン・イズリントンあたりの古着屋を探し回っても、これほどチャーミングな服は見つからないでしょう。

以来、私も着なくなった状態のいい古着と、セールで購入した服を一つの箱に入れ、家族が集まったり、故郷に帰省する時のおみやげにしています。

これはリサイクルのみならぬ贈り物ではずさない最良のアイデアです。

いざプレゼントが必要になって、気の利いた物を探そうとしても、結局デパートや駅ビルで目についたものを買うハメになります。あせってどうでもいいものにお金を使わないためにも、自分も相手も満足できるものは、少しずつ貯めておくことをお勧めします。

この箱に入れておけば、衝動買いのち、放置されていたもったいない服も、誰かのもとで大切に使ってもらえることでしょう。

更年期を潤《うるお》す命水

娘と2人、レディースクリニックに通い始めて2年が経った頃のこと。まだ更年期障害を経験していなかった私は、定期的にホルモンバランスのチェックを受けていました。

友人、知人は、更年期障害から「滝のような発汗」「軽い鬱」「不眠症」を経験したそうです。「本当に辛いのよ」と聞かされ、内心、自分にいつそんな症状が起きるのか、心のどこかで不安もありました。

やがて、毎朝4時前後に目が覚める「早期覚醒」が始まると、いよいよ来たかと覚悟を決めました。

目覚めたのち、再び眠ることはできません。徐々に頭は冴え始め、心配事や煩《わずら》わしいことばかりが天井から降ってくるようで、昼間、仕事や用事で翻弄されている

時と違って、明け方一人で考え出すと悲観的になるのです。

そんな夜は、枕元に積み上げた読みかけの本の中から、気分に合うものを引っ張り出し、数ページ読んでみます。

通勤電車での覚醒《かくせい》した読書はかけがえのない愉しみですが、明け方のもうろうとした読書も、自分の所在なさを封じ込める最高の一手です。

当時は『早わかり近現代史』（PHP研究所）、『詩人たちのロンドン』パディ・キッチン著（朝日新聞社）に加え、自分の著作も拾い読みしていました。

私の場合、時間が経つと書いた文章がほとんど頭から消えるため、自著でも一読者として楽しめるのです。

音楽のサビを繰り返し聴くように、好きなパーツは何度も読み返す。そうするうちに暗闇が少しずつ白々と明るくなり、鳥のさえずりが聞こえ始め、読書による安らぎと布団のぬくもりに、すっかり落ち着いてくるのです。

10年日記を枕元から取り出し、鳥のさえずりを聞きながら数行書くのもいいですね。早朝のニュースをつけてBGM代わりに。

とにかく寝ようとあせると、余計にストレスがたまります。今晩早めに寝ればいいさと、自由をむさぼるくらいに過ごせばいいのです。大切な仕事が後に控えていても、絶対に支障ないと言い聞かせます。

友人の一人は私の体調を心配して、寝る前と起き抜けに水を1杯飲むといいよと、教えてくれたので、ペットボトルを必ずベッドの横に置いています。こんな水は「宝水」と呼ばれ、血液がサラサラになるそうです。たったこれだけのことで？と、疑ったのですが、血液検査の結果は上々。ありがたく実行しています。

妙に体が火照ったり、動悸がするときには、慣れない手つきで携帯メールを打ちます。

「暑いけど元気？　今度の週末、ご飯食べられますか」

この程度の文章なのに時間のかかること。相手は働いている娘です。

日常のこんなすき間時間は、身近な人に言葉をかけるのにうってつけ。体調の変化もこんなふうに工夫しながらやり過ごしてみる。

そう決めていたのですが、かかりつけの医師から、「まだまだ元気です。更年期障害は当分やってこないでしょう」と言われ、拍子抜けしてしまいました。

「転ばぬ先の」と気を付けたつもりですが、目が覚める時間だけはどんどん早くなり、本格的な更年期を迎えた今、私の1日もうんと長くなっています。

病は気から、闘病も気から

イギリスの高齢者に元気の秘訣を聞くと、多くの人が「いつも何かすることがある。これが大切」と答えます。「Do something you like to do.」（何か自分のしたいことをする）の驚くべき作用はどんな薬より効果的です。

マンチェスターに暮らす、親子ともどもとても仲の良い一家の話です。

父親がガーデナー、奥様はパートタイムでスーパーに勤める、どちらかといえば質素ながらも、小さな幸せを育む憧れのファミリーでした。娘2人を伴って一家は年に2回のキャンプ旅行を楽しみ、カウンシルフラット（公営住宅）ながらも2LDKの住まいは、ピカピカに掃除が行き届いていました。

「お金はないけど幸せ」が奥様の口グセで、家族のために作る英国風肉じゃが「シェファーズパイ」は、それは美味しい、一家が大好きなご馳走でした。

ところが、ある日ご主人は末期ガンを宣告されます。体中にガンが転移し、手術

もできない状態。医者はあと1年、持つかどうか——と夫婦に伝えたそうです。

本人はおろか、一家の悲しみは計り知れなかったのですが、奥様はどうせ別れがくるのなら、生きてるうちにやりたかったことをしよう——と、死ぬまでに「夫婦で成し遂げたかったリスト」を作り、治療を受けつつも、これを次々と実行しました。

家族全員でカナダへ旅行する、近所の高齢者住宅に小さなフラワーガーデンを作る……。

もうこの時は二度と戻らないと、奥様は夫の姿、働きぶり、そのすべてをカメラに収めました。特にカナダでの一家の写真は、すっかり悲しみを忘れているかのように、どのショットも家族全員、素晴らしい笑顔でした。

それは残された時間を惜しむというより、今を精一杯に生きる喜びに溢れていたのです。

変化は徐々に現れました。何と、体中に飛び散っていたはずのガンが少しずつ小さくなり、やがて消えてしまったのです。

死の宣告を受けて20年経った今も、ご主人は再発することなくガーデナーとして元気に働いています。

この奇跡的な生還を目の当たりにして以来、人間は「幸せを感じつつ生きる」ことで、体は必ず元気になる、免疫力が上がり、蘇生されると思うようになりました。

強い家族への愛が、細胞に何らかの作用を及ぼしたのでしょう。孫と遊ぶご主人の姿を見るたび、今も生命の持つ不思議さを感じずにいられません。


私自身、1冊本を書き終わったり、大きな仕事を終えた途端、必ず風邪の症状のように喉が痛くなったり、あちこちが神経痛のようにズキンズキンと痛んだり。身体がここぞとばかりに「体調悪い」症状を発するのです。

そのたび、病院に行くのですが、検査をしてもどこも悪くないと言われ、これは一体何だろうと考えてしまいました。名付けて「気抜け病」です。

確実な対抗策は、仕事が一区切りできたら、数日間自宅で片づけなどをして身体を休めたり、普段見られないニュースやDVDをちょっと見て、ほどほどに休んだのち、編集部の近くまで出向き、原稿を書いていた喫茶店で過ごす。本を読んだり、手紙を書いたりするうち、自由な中にもいつものキリッとした緊張感が戻ってきて、痛みや具合の悪さが薄れていくのです。

寝だめをしようとか、あてもなくダラダラするのではなく、ほどほどに休む方が体にはいいようです。

80代になる母は、長年、不登校の子ども達へのサポートを続けてきました。老朽家屋を改装した寺子屋のような集会場に行くと、同じ目的を持った仲間が待っていて、体調が優れない日も気持ちが高揚してシャキッとなるそうです。

「こういう場所があって良かった」

母の言葉を聞くたびに、私にとっては編集部がその役割を果たしていると感じます。

家族、仲間、同僚、人が寄り集まった時に生まれるエネルギーの中で、「したいことに没頭し、今を生きる」状態は、健康を維持する上でなくてはならないもの。生命力を輝かせ、気弱な心の隙間にしのび込む病の種を蹴散らしてくれるはずです。

5

スピリチュアルに親しむ楽しみ

スピリチュアルなものが気になるのは良い兆し

キャリアを積んだ女性が30歳を過ぎたあたりで、ある種スピリチュアルなものに魅かれ出す……このような話をよく聞きます。

私自身、30代半ばにさしかかろうとしていた時、突然、ヒーリング音楽を聴いたり、自然食を始めたり、手塚治虫の『ブッダ』を読んだり、ハーブを栽培してみたりと、生活変化が始まりました。

中でもアロマテラピーにこった時は、猪突猛進でした。

西荻窪のニューエイジ系書店「ナワプラサート書店」に通い詰め、イギリス人のアロマテラピー専門家、マギー・テイスランドが書いた本をせっせと買い込んでは、エッセンシャルオイルを試したのもこの頃です。

思えば一連のきっかけは、一人のアロマセラピストと話をしたことでした。

彼女は、まだ34歳の若さで表参道にある美容サロンの代表を務める才媛でした。

当時、日本では認知されていなかったアロマテラピーとの出会いもその時からだったとか。

彼女の話し言葉はとても美しく力強い。余計なぜい肉がそぎ落ちて、専門分野を極めた女性特有の知的な心地よさがあり、自然に会話もはずみました。

「スコットランドにフィンドホーンっていうスピリチュアルな村があるのを知ってます？　イギリス中で最もエネルギーの強い場所なのですよ」

その後、私がフィンドホーンを訪れるきっかけになったのも、この話からでした。そこはスピリチュアルに傾倒する人たちが集まった独特のコミュニティー。瞑想をする人、クリスタルでエネルギーを集める人、ヨガをしたり、農業に従事したりと、世界中の人々が共同生活を送るのだとか。

視察旅行に訪れた彼女は、その時にとてもお腹が痛くなって、すがる気持ちで近くに咲いていた大きな植物のつぼみに身を寄せて瞑想したそうです。つぼみは、植物のエネルギーが詰まってる部分。しばらくして何と、薬を飲んでも治らなかった痛みが消え、植物も私たち人間にエネルギーを与えてくれているんだと、身をもって体験したそうです。

だから、エッセンシャルオイルにも植物の生命力が詰まっている。アロマテラピーは単なる癒しではなく、自然界の営みを私たち人間にもたらすものという話は説得力があります。

彼女の話をうけて訪れたフィンドホーンには、見たこともないような大きなバラが咲き誇っていました。精霊と共に大地を耕し、生きるもの全てに心を通わせる人々の表情は喜びに満ちています。

ここを訪れた人は美しいハイランドの景色に癒され、心身共に浄化されてゆくそうです。

恋愛、キャリア、子育て、女性が人生の中で最も多感な30代、放置していた自分の心と向き合うことは大切です。それ以来、スピリチュアルなものが気になったら、それは自分を拓《ひら》く良い兆しと思うようにしています。

日本とイギリス スピリチュアルの違い

毎回イギリスから帰国するたび不思議な思いにとらわれます。

それは海外旅行をした後の感傷的な気分とも違います。

東京では、家でも、電車に乗って都心に通勤する時も、「この暮らしには何かが足りない」と感じていました。

「毎日忙しすぎるから、イギリスのゆったりしたペースが懐かしいのよ」と親しい人は言いますが、それだけではないように思います。何か、思考の奥行きが、日本に戻るとたちまち狭まるのです。イギリスでは宗教やケルトのような古《いにしえ》の文化や幽霊などのミステリアスな世界が、日常に横たわっていることも関係しているようです。

「日本人とイギリス人はスピリチュアルなものに対する考え方がどう違うのか」と問われるたび、うまい言葉が見つからず、「イギリスでは手で触れることも、見ることもできないものが暮らしに根付いている」と苦しまぎれに答えてきました。

すでに書いた通り、イギリスの一般住宅の大半は、老朽住宅。100年以上経過したヴィクトリア時代の家、すなわち日本の明治時代に建てられた住宅が、価値ある一般住宅として流通しているのです。

日本では資産価値ゼロと取り壊されてきたこんな古家は、窓ガラス1枚まで現状を維持しなさいというややこしい法令で保護され、名誉ある「リステッドハウス」（保全建物）として高値で売買されています。

このような古い家では、住人が何度も生まれ、死んでいるためか、幽霊というおまけが付くこともあります。この家に幽霊が出没するとなれば、これこそ史実の証だと、付加価値となり、密《ひそ》かに価値も上がるのです。

しかも住人が幽霊に遭遇したり、皿が飛んでくるなどポルターガイスト現象で被害を被った時のためにと、「幽霊保険」まで発売されていたのですから驚きです。

これだけ摩訶不思議なものが社会に認知されている一方、イギリスには「お守り」がありません。かのカンタベリー大聖堂の売店で十字架型の「お守り」を売ったら儲かるはずなのに、自分だけの幸運を願うため、神にあやかる発想がないのでしょう。

日本では「いわしの頭も信心から」ということわざがあるように、とりあえず対象物が何であっても、本気で信仰し、祈れば救われるという考えがあります。

問題は、それらが常に自分の健康、幸せ、運気に向かっていることです。

だからお守りやお札が売れ、高価な仏壇が必要となるのではないでしょうか。しかも、いったんそのようなものを否定したらバチが当たり、たたられ、不幸になると恐れ、不安にかられ、お守りの類《たぐい》を求める奇妙なからくりが出来ているのです。


最近では「家族葬」が主流となった日本ですが、イギリスのとある教会で行われた7000円の葬儀は忘れられません。進行はすべて牧師が取り持ち、故人となった母親が息子の暮らす日本で覚えた唯一の歌「さくら」を牧師が聖歌隊に歌わせたそうです。何に重きを置くのか、高額な葬儀代、お墓が本当に意味を成すのかも考えさせられました。

イギリスの友人は、祖母が亡くなる直前に書いた短いメッセージカードと、封筒に入っていた50ポンド（約12000円）を「おばあちゃんの最後のプレゼント」と今も大切にしています。

彼女は他にもお世話になった家政婦、庭師に、同様の「少額遺産」を送り、残る数十万円の貯金を地元のホスピスにすべて寄付をして旅立ったそうです。

イギリスでこんな話は珍しくありません。

自分が人生で得たものを隣人に分かつ。それは自分の祖先のためでも、子どもや孫の繁栄のためでもない。もちろん寄付しなければ悪いことが起きるという唯我独尊を超えたものです。

精一杯生かされた環境に感謝し、自力の範囲で隣人にできることをする。そんな生き方を支えているのが、「スピリチュアル」または「見えないもの」と表現した自然、芸術、歴史、文化、神秘的な伝承でした。

こう見ていくと、社会の奥行きは、いかに「見えないもの」を取り入れるかで決まってくるように思います。

そして人生を味わい尽くすには、「想像」と「創造」が必要だと思います。日々数字など、目に見えるものだけを追い続けると、幸福や平安を感じる力が摩耗するのではないでしょうか。

音楽で感受性を耕《たがや》す

本を書く時、大好きな音楽が流れていなければペンが進まなくなります。音楽はリラックスするために聴くのではありません。自分が今感じている事、見ようとしているものの本質へと導いてくれる船頭のようなものです。

普段私は気に入ったCDを数枚、ケースに入れて持ち歩きます（アイポッドは持っていません）。昼間は情報誌の編集長として、騒々しい編集部の机に向かうものの、記事のキャッチコピーを考える時、卓上のプレイヤーから流れる音楽によって言葉がひらめきます。

大切なCDは、イギリスをはじめ、海外取材に行く時も薬や化粧品と同じく必ず持っていきます。

思い返すと、CDを海外まで持ち歩くきっかけとなったのは、初めて中国に行った18歳から始まりました。

北京のホテルで、当時大ブレイクしたNHK特集「シルクロード」のテーマ曲を録音したテープがボストンバッグの中に入っているのを発見。ツアーバスが万里の長城付近に差しかかった時、無性にこの曲が聴きたくなり、添乗員に頼んでテープをかけてもらいました。窓の外には幻のような万里の長城の城壁が連なり、生まれて初めて風景に飲み込まれそうなすさまじい感覚に目を見開きました。

喜多郎の曲が流れたのはその時でした。私ばかりか他の旅行客も音楽を聴きながら微動だにせず窓の外を見つめていたのです。

無限に広がるシンセサイザーの旋律は悠久を奏で、タクラマカンの砂嵐のように、私達を中央アジア、天山山脈までいざなっていったのです。

これはビジュアルを音楽におこしたのではない。喜多郎が作った曲はシルクロードそのものでした。彼はNHKから依頼が来た時、人間という主人公がいない、ストーリーもない、主役が歴史であるドキュメンタリーという点に引かれ、初のサントラ制作を引き受けたそうです。

現地視察もできないまま作り上げたというこの一大叙情詩を聴くたび、宇宙のような無限の想像力を引き出す音楽のすごさに、思わずひれ伏したくなるのです。

好きと思う音楽は感受性の扉を開け、豊かに耕してくれます。愛読書と等しく、心の友としていつでも聴けるようにするだけで、瞑想したあとのように心が清らかになるのです。

インナートリップの効用

ニコール・キッドマンに役作りを指導するハリウッド映画界きってのアクティング・コーチ、スーザン・バトソンさんとお会いする機会がありました。ニコールが絶大な信頼を寄せるという方と聞き、緊張したのですが、挨拶を交わすなり、一瞬にして肩の力がほぐれました。

60代、小柄な彼女は実にチャーミングで、洞察力の深い女性でした。

いかにもアメリカらしいなぁと思ったのは、抑圧してきた個人のコンプレックスや傷を、臆面もなく人前でカミングアウトさせるバトソンさんの技術です。

このようなプロがセレブに尊敬され、社会的地位を確立しているのがアメリカらしいところ。

その日、彼女はたくさんのインタビューを受けたにもかかわらず、こちらの話に耳を傾け、心理テストまでやってくれました。

その結果、同行したスタッフの前で、バトソンさんに向かって幼少の頃の悲しみを声高に訴えろというのです。恥ずかしくてできないと身構えました。

けれど彼女に「アナタ、自分の本音をまだ隠してるでしょ、ちゃんと悲しかったことを言いなさい」――「You still hide your truth! Say again !」と迫られ、絞り出すように洗いざらい話しました。ごく、個人的なことで不確かな記憶をたどって。

赤面、冷や汗。ニコールもトム・クルーズも、彼女と共にこれをやったのよと頑張ろうとするのですが。

「そこの壁にいる幼いころのあなたに向かって約束するのよ」と、バトソンさんは恥ずかしがる私に一歩も引きません。隣で次の順番を待つスタッフは、どうすればいいのと、真っ青になっています。

へたりそうな私に、バトソンさんはさらに尋ねました。

「あなたを最も理解している人の名を言いなさい」

「実名ですか?」

「Yes. 名前です」

さぁ、困った。部屋には出版関係者もいます。皆の前で何と言えば……。その時、数日前、吉祥寺でしこたま飲みあかし、私が抽選で当てた分譲墓地を夜の風に吹かれ、共に見に行った父の顔が浮かびました。

「私を一番理解しているのは父、My Father です」

我ながら名アンサーとホッとしたのも束の間、ハドソンさんに父への気持ちを聞かれました。長生きしてほしいとぼそぼそ答えていると、お腹の底からの声で
「あなたのお父さんへの想いを伝えて下さい！　そこにお父さんがいます！」と、目の前の壁を指すではないですか。

もう、穴があったら入りたい心情です。父は、北海道・稚内でウニ&ゴルフ三昧で遊びほうけてると今朝連絡があったばかり。父を想い、壁に向かって私は叫びました。

「お父さん、どうか死なないで」

「Say, I need you !」

「お父さんが必要です！」

「Say again !」

横にはスタッフが、後ろにはアシスタントの青年が。ああ、もう死んでしまいたい！

ハドソンさんと別れ、脱力したものの、カメラマンが撮影した壁（父）に向かって叫んだ後の私の顔は、バトソンさんにして「アンビリーバブル！」と驚かれた、まるで10代の女学生のよう。すっかり明るく、顔そのものが若返っていたのです！

さすが、ニコールの師匠。壁に向かって叫んだ言葉は、幼少の私が潜在的に案じていたことをはき出させてくれました。

昭和30年代、横行する「こそどろ」や「人さらい」が怖くて、とっぷり日の暮れた長崎の町を歩き、会社で残業する父を迎えに行ったことがありました。彼女は一瞬にしてそれを引き出し、押し込められた悲しみや不安を粉砕してくれたのです。

束の間のインナートリップでしたが、心にこびりついていた錆を取り除くプロの力を見せつけられ、ニコールの美しさのもとを垣間見たようでした。

「最果ての地」へ旅して気を飛ばす

スコットランドに強く心ひかれるのはなぜだろうと思います。遠隔地、島々も含め、イギリスの町や村のほとんどを回った私は6年前、英国地図の遥か上方、スコットランド、ハイランド地方の都、インバネスで強い衝撃を受けました。

8月というのに吹く風は身を切るほど冷たく、商店街のウインドウに飾られたタータンキルトやケルティックジュエリー。ここはイングランドではなく、スコットランド。

人々は夜10時頃まで白々と明るい夏の夜を愛でるようにネス川のほとりをそぞろ歩いています。郷愁をそそるカモメの鳴き声に、改めてここは北海近くの街だと気付かされました。

スコットランドの人々はいにしえの頃よりイングランドなど外敵の侵略と戦ってきました。柄の違いによって出身のクラン（部族）を判別する役割を担ったタータンチェックも、もともと戦場で手柄を立てた兵士に対して国王が贈ったものでした。イングランドに制圧され、支配されても伝統を手放すことのなかった勇敢な民族。

加えて彼らは厳しい自然に対して畏《おそ》れを抱いて生きてきました。スコットランド西部のアウター・ヘブリディーズ諸島や、北端のハイランド地方では、長い冬の食料確保が命題でした。

スコットランドの長く厳しい冬は、現在のように文明が発達する前は、容赦なく人々の暮らしや時には生命すら根こそぎにしていったのです。

雪に閉ざされた日々、頼れるものは親戚、家族など同じ部族同士でした。だからこそ彼らは、温暖な気候風土のイングランドの人々より、さらに部族の絆を大切にして生きてきたのです。

スコットランドの旅の途中、これまで私はたくさんのアノニマス（無名）なテープやCDを買い求めてきました。そのほとんどは現在、アイルランド、ウェールズで使われているケルトの言葉、ゲール語をベースにしたノスタルジックなものばかりです。寂しげなバグパイプの奏でる音が盛り込まれた音楽からは、スコットランドの人々が厳しい自然の中で、家族やカントリーサイドを愛した様子が耳慣れない言葉と共に伝わってきます。

以前、スコットランド最西端、「すべての魂が戻る島」といわれたセント・キルダ島の本を書いた時のこと。クリスマスや新年に皆で賛美歌を歌い、踊りを踊ることが、本土から隔絶された島民にとって大きな楽しみだったと知りました。以来、ますますこの地方のフォークに魅せられました。

ニュースの伝達方法がなかった時代、吟遊詩人らはハープなどの楽器を手に、各地の噂や政策を詩にして民間に広めていったそうです。中でも哀愁漂う「ダルハウジー伯爵（The Earl of Dalhousie's Happy return to Scotland）」という曲は、タイトルを見ただけでいにしえの人々の暮らしがスクリーンのように広がっていきました。

最果てへの旅は地図やグーグルアースであらかじめ見て、イメージを作って挑んでも、いい意味で必ず裏切られます。セント・キルダ群島の近くでは、見たこともない海鳥の群れが恐ろしく、文明から隔絶された地は、旅とはいえ壮絶な孤独を感じました。

――こんなところに人が住んでいたなんて――

その瞬間、魂までがこの世でないどこかに飛んでしまい、自分が再生されるのが分かります。

年を重ねると、自分の知識や経験が染みついて、新しいものをシャットアウトしがちです。けれど心の成長は、定期的にリセットをかけて、無垢な状態からでなければかなわないもの。

英語の格言の「A new bloom sweeps clean」とは、古いブラシでいくら床を磨いても汚れはとれない、新しいブラシを用いよという、刷新することの大切さを伝えています。

想像も及ばないほどの景色を、「死ぬまでに一度は見たい」と先送りせず、思い立ったら、ぜひ最果ての地へ旅立ってください。

6

まず自分がある
イギリス式
恋愛と結婚

最高の夫婦の条件は「親友」であること

今や英国王室といえば、キャサリン妃と2人の子ども、ジョージ王子、シャーロット王女に注目が集まっていますが、私にとって忘れられないのが、すっかり存在感を潜めたきらいのあるチャールズ皇太子ご夫妻です。

Don't do it――やめなさい。これが、イギリスの大衆紙デーリー・ミラーが、2005年4月に再婚したチャールズ皇太子とカミラ・パーカー・ボウルズに対して掲げた見出しでした。当時電話アンケートでは、英国民の10人中8人が二人の結婚に反対し、10人中9人はチャールズ皇太子がもはや王になれないと考えました。同紙はこのネガティブな意見を掲載。同じく大衆紙デーリー・メールは60%の国民が「故ダイアナ元妃が離婚で剥奪された称号を、カミラに与えるべきではない」と答えたと伝えました。

こんなメディアの攻勢をさらに盛り上げたのが、お姑さんであるエリザベス女王

のあまりに冷ややかすぎる態度でした。これをメディアは
「女王は結婚が英国国教会の儀式にのっとっていないことを怒っている」

「女王は結婚式の参列を拒否した」

などと事あるごとに書き立てました。

人気絶頂でこの世を去ったダイアナへの哀惜も相まった、ヒステリックな報道合戦。

ところが、この再婚劇は私に思わぬ希望を与えてくれたのです。


まず、チャールズとカミラの２人が出逢ったのはチャールズ皇太子が23歳だった１９７０年。71年にチャールズが英海軍に入隊したことをきっかけに２人の関係は疎遠になったといわれ、カミラは73年、陸軍将校と結婚してしまいます。

その時のチャールズ皇太子の心情はいかばかりだったでしょう。

愛する人を追い求め、すべてを捨てるエドワード8世のような行動（離婚経験のあるアメリカ人女性との結婚のために王位を退いた）をとることなど周囲が許さなかったに違いないし。

チャールズ皇太子は自分の範疇を脱することなく、人知れずカミラさんを想い続

けたのでしょう。

2004年当時、イギリスでは15万組が離婚しました。その離婚率は今も世界で五本の指に入る高い割合です。王室内の離婚も増え、離婚したカミラさんとの結婚を禁じていた英国国教会も、さすがに規定を見直さざるを得なくなった。それが2人の再婚を後押ししたのでしょう。

イギリスではアッパークラスの人ほど離婚、再婚を繰り返す印象があります。生活環境に恵まれる人々だからこそ精神面の渇きを何とかしようとするのかもしれません。親友になれるパートナーと共にビジネス・外交（パーティー）ホリデーを楽しみ尽くすぜいたく。これこそ、お金では得られないものなのです。

一般的にイギリス人男性は、雪の中、風邪をひくからと犬の散歩を早めに切り上げる可愛らしい女性よりも、多少の雨や雪でも「犬を連れて散歩できる」――健康な心と身体を持つ女性を好むといいます。親友となって、一緒に行動できる相手でないと、長く人生をともにすることはできない。

その容姿をダイアナ妃と比べられるものの、カミラさんは皇太子にとって共に歩める人だったのです。

あるイギリス人ジャーナリストの話です。

「皇太子の重すぎるプレッシャー。厳格なロイヤルファミリーの中での格式張った母子関係。そんな彼の孤独な心情を包容し、語り合えたのがカミラなんだ。カミラは皇太子にとって40年以上、ソウルメイト（心友）だったのさ」

2人はすでに60代後半。人生紆余曲折を経て最後に意中の相手と名実ともに結ばれ、幸せな人生を築いていくのです。

この一件で私は人生の思わぬ可能性を見たようでした。かなわぬ恋、失恋に悩み苦しんでいる多くの女性に、チャールズとカミラの結末は、真実の愛は簡単にはこわれないと証明してくれたようです。

中国の儒学者・孟子の言葉、「道は近くにあり、迷える人はこれを遠くに求む」を思い出します。

男と女は、親友になった方が勝ちです。以来、身近なパートナーにとって、私も良き友であり続けようと肝に銘じています。

不要な夫などいない

日本では定年退職後の夫に対して、「濡れ落ち葉」「粗大ごみ」という表現を使います。夕食にまねかれたイギリスで夕食後のだんらん中、たまたまこのニュースが流れました。それを見た奥さんたちが驚いて「日本では一生懸命頑張って働いてきた旦那さんのことを、ごみって言うのですか」と詰め寄られました。

彼女たちの反応に「そういう話もあるんですが……」と一生懸命説明しました。イギリスで「天下り」という言葉をそのままのニュアンスで訳せないように、「濡れ落ち葉」「粗大ごみ」がイコール「リタイアメント・ハズバンド」になるとは、その背景を話さないと理解されません。

一人の奥さんは目に涙を溜めていました。それを見て、何か私たちがとんでもない過ちを犯しているような気になったのです。

その家の奥さんは、しばらく考え込んだ後、私にあるカードを見せてくれまし

た。

「ぜひ、日本に帰ったら、このことを日本の読者の方々に伝えてください」と、言葉を添えて。それは「ハッピー・リタイアメント」と書かれた定年退職を祝うカードでした。

夫が定年退職をするときに、イギリスではハッピーリタイアメントパーティーを開きます。それは苦労をねぎらうというより、「これからやっと夫婦2人で人生を謳歌できるのね」というスタートを祝うパーティーです。ですから、イギリス人の妻にとっては、退職した夫が家で過ごすからどう対応していいか分からない。日本の妻が「うつ」になって、精神科医に通うなどの話は簡単に理解できません。イギリスの価値観、結婚観というのは日本のそれとは大きく違うからです。

イギリスで結婚とは「Being Together」——一緒にいること。一緒にいたいから結婚する、その言葉に尽きます。

相手の経済力、肩書きなどより、まず愛し合うことが優先されるのです。

イギリスの夫婦は、年をとっても公園のベンチでお互い肩を抱き合い、おしゃべりをしたり、手を取り合って散歩をします。あるいは、片方が車椅子を押し、老齢介護に見えても、互いに手を携えて生きています。

手をつなぎ、互いの絆を外に示す。そのような夫婦にとって、夫が定年を迎えたあとのたっぷりした時間は人生のご褒美。２人で何を始めようかと定年前からあれこれ計画を練って、第二の人生へこぎ出すのです。

自分の意志で育んだ結婚生活は、環境が変化しても活力を失うことはない。イギリスでこのような夫婦に出会うたび、そう教えられるのです。

表現する文化が、手をつなぐ老夫婦をつくる

結婚する前に契約書を交わすという話を聞かれたことはありますか。

これはイギリスで知った「婚前契約書」のこと。自分が持参する家具、貯金、不動産など、すべて一覧表にして明記しておくものです。いつ離婚をしても、争いごとにならないように、自分の領域というものをはっきりさせておくわけです。

さらに、日常生活でも夫婦が平等であるための習慣があります。それは辞さず表現するということです。

イギリス人にかかわらず、欧米人はよく花束を差し出して「I Love you.」と相手を抱きしめたり、人前で堂々とキスをします。自分が悪いことをしたら、次の日にはチョコレートを買ってきたり、花束を買って帰って、「愛してるよ、ハニー。昨日はごめんね」と言葉にして謝ります。

欧米人の食事はハイカロリーですから、年とともに肥満体型になる女性も多いもの。ドラム缶のような体型の妻をパーティーに連れてきたある社長さんは「My Wife は、とても lovely で、pretty で、beautiful だ」と褒めちぎります。こちらもその勢いにのまれ、「ああそうですね。確かにきれいですね」と話を合わせるわけです。絶対に「うちの妻は太っていて見苦しくて」などとけなす人はいません。

なぜこのような習慣があるのでしょうか。

『イギリスの夫婦はなぜ手をつなぐのか』（新潮文庫）に書きましたが、イギリスをはじめ欧米諸国では、自分が思ったこと、感じたこと、おかしいと思うことを内に秘めず表現します。

ですから、「愛してる」と思ったらキスをし、悪いと思ったら謝罪し、花やチョコレートを贈る。あるいはシアターチケットをとり、一緒にコンサートを見にいくなど精一杯、詫びるのです。

常に、良いも悪いも、態度や言葉で表現する、それが、老いても手をつなぐ姿に結びついていくのです。

「手をつなぐ」という行為は習慣ではありません。「私たちは、こういう年になっても、ちゃんと愛し合っていますよ。私たちはカップルなんですよ」ということを、誇りをもって周囲に発信していくんです。

だから、外では手をつないで、家に帰ったら互いの部屋で別々みたいなことはない。その実直さが日本人の目から見ると「いい年をして」といぶかしく思ったり、「ああいうふうになりたいな」と羨《うらや》んだりするわけです。

この表現し続ける、自分の頭で発想し態度に表す。これは夫婦関係のみならず、すべてにおいてものすごいパワーがいることでもあります。

常に自分の意志があり、それに従って生きるのですから妥協も許されません。夫も妻も愛し、愛されるため、たゆまぬ努力が求められるのです。

「立派な家庭」という表現は他人と比べている証拠

イギリスには「裕福な家庭」という表現はあっても「立派な家庭」という言葉はありません。私たちはよく、「ご立派なご子息で」とか「ご立派なご家庭で」という表現を使います。また、結婚式のスピーチのときも「立派な家庭を築いてください」などと言いますが、こういう発想は日本特有のものだと感じます。

男と女、夫と妻、それぞれがちゃんと自立して生きていく社会では「幸せ」や「愛し合う」形は人それぞれです。

私達はつい、自分の結婚生活はおかしいのではないか。「うちの夫は……」、「うちの妻は……」、「私の彼はちょっと……」など自分の愛を卑下してしまいます。

なぜそう思うのか。それは他人と比べるからです。他人と比べることから生まれる「いい夫婦」「いい家庭」「いいパートナーシップ」という価値観は、個人主義の

国イギリスでは希薄です。なぜなら、「自分は自分」「あなたはあなた」という自分と他人との間にはっきりとした境界線があるからです。

私たちから見たら変わっているなと思うことでも、男女のあり方は、十人十色、百人百通り、千人いたら千通りあり、それぞれライフスタイルも違うのです。

グループ分けされないこういう価値観を知った顕著な例を付け加えます。

私はイギリスの老人ホームを取材したことが何度かありますが、施設のニュースやローカルなタウン誌などで、よくハッピーマリッジ「結婚おめでとう」とカップルが掲載されます。その欄を見ると、70代のカップル、80代で再々婚しましたというカップルも珍しくありません。

イギリスで「結婚適齢期は？」と尋ねたら、「永遠」という答えが返ってくるかもしれません。常識や人の目を気にせず独自思想に沿って生きれば、何度でも恋愛ができるし、何度結婚してもかまわない。イギリスは離婚天国であり、再婚天国だと私は思うわけです、

そういう意味で、人生がものすごく長いと思います。何回でもやり直しができる、パートナーチェンジもできる。これまでの結婚をリセットして、ゼロから一緒

になって、そのときの自分の価値観で新しいパートナーシップをつくり上げる。

そのような、まず自分ありきの生き方を貫けば、中高年になるほど、自由になる実感が湧くはずです。子育てや仕事から解き放たれる自分。

そこに誇りを持って生きていけるはずです。

迷宮入りして恋をこわさない

本を書いていると、読者の方から色々な手紙をいただきます。中でも多いのが恋の悩みについて。いわゆる恋愛相談で気になるのは30代を過ぎた女性からの「彼との別れ」についてです。

手紙の文面からは、見知らぬ私への「これでよかったんでしょうか。これでいいんですよね」という切迫した問いかけが伝わってきます。

ところが、興味深いことに、恋人と決別すると決めた彼女たちは、すでに次の準備がなされています。

なかでも、一番多いのが、人生をリセットすべくイギリスなど海外に留学、もしくは長期旅行に出かけるパターン。転居、転職、何かを学ぶなどがこれに続きます。

彼女たちは一人になることを想定して少しずつ自分の中で「別れ。そして、その後」を考えていたのでしょう。自暴自棄になることなく、しっかりと自分の足で立って生きていく覚悟があるのは、立派なことです。

それなのに「これでよかったんですよね」と確認するのは、一著者の私から「そうよ、それでいいのよ」と、背中を押してほしいからでしょう。

そういう問いには、自分が決めた道を思い切って進んでくださいと激励します。

その一方で、答えにくいのが、「別れた方がいいんでしょうか」という相談です。「付き合ってもどうせ続かないですよね」と、持ちかけられると、言葉に詰まります。

中には相談の趣旨がよく分からず、聞いているだけで精一杯。本音を言っていいのか、相手の男性を呼びつけて「あなたの彼女はドツボにはまっているわよ」と一喝すべきか分からず苦慮します。

多分、こんな人達は、すでに方々に相談した揚げ句、私にも意見を求めているのでしょう。ひょっとしたらあちこちで「どのみち決めるのはあなたよ」と、頼りにしていた人に突き放され、藁をもすがる思いで私に何か言ってほしいのかもしれません。

マインドフルネスでは心はトリッキーなものを作り出すと考えます。「幻惑」のようなものです。考え抜いたつもりでも、心はありもしない想定に痛めつけられてしまうのですから要注意です。

気になるのはこのところ相談という名目で、人に判断してもらおうという人が増えたことです。

「どうしたらいいでしょうか」という人の中には、確認したいというより、自分で考えるべきこと、決めるべきことをやめ、すっかり依存してしまっています。

それで事がうまく進むとますます人の判断にあやかり、最後には考えること自体を放棄してしまいます。

失敗したら怖いからか、単に面倒なだけなのか。

「人間は考える葦である」とパスカルは言い、ロダンの「考える人」は深く頭を垂れて微動だにせず何かを見出そうとしています。

あの像を見るたびに、「どうしたらよいでしょうか」と人に決断を押しつける人々は、1日1回でも自分で何かを考えているのだろうかと思うのです。

例えば、満員電車に揺られつつ帰宅している時や、会社員にとっては憂鬱な週末が終わろうとしている日曜日の夕暮れ時など。自分が問題と思うことについて、何かしらひらめくことがあるでしょう。それを大切にしてほしいのです。

20代の頃私も、うまくいったはずの恋を、勝手な思い込みと、見当違いのアドバイスで何度も崩壊させてしまいました。

こんなことを繰り返すうち、女性として自信が持てなくなり、「私は幸せにはなれないんだ」とあらゆることに落胆したものです。

うまくいかないともがく人の多くは、その人に半分責任があり、残りの半分はマイナス面ばかりを引き出す人がそばにいることから起きていると考えます。

人と人の関係は、良きにつけ悪しきにつけ相乗効果を生み出すのですから、幻惑に引きずり込まれないよう用心が必要です。
あなたを苦しめているのは彼ではなく、あなたの心なのですから。

7

自分と向き合う
――マインドフルな旅

古い地図、ガイドブックは気付きの始まり

私の本棚に1冊の古本があります。宿泊したB&Bのご主人から譲ってもらった貴重な古書の原題は『WALKS IN THE SILVERDALE』——副題を訳すと「目を見張る美しき自然」という、イギリス中西部、シルバーディルを歩く人のガイドブックです。この地域には自然保護区があり、そこには森や海岸に面した散歩道があると、宿泊客の間ではすっかり話題になっていました。

この宿から湖水地方の町ウインダミアまでは車で1時間弱。ですが宿泊客は「この村は湖水地方より素晴らしい」を連発して、毎朝、ミネラルウォーター、りんご、サンドウィッチをリュックに詰め込み、いそいそと宿の裏に広がる自然保護区の繁みに消えていきます。

何があるのかと、ガイドブックを片手に私は彼らの後を追ってみました。何の変哲もない森が広がります。時々リスやキツネが横切るものの、歩き疲れて、道ばたの岩に腰かけました。

なんだか座り心地がいい。ちょうどベンチのような背もたれもあります。少し横になってみようかなとゴロンと体を伸ばし、ガイドブックを見て驚きました。

何と開いたページには、私が寝っころがっている岩のスケッチが載っているではありませんか。〝Giant Seat〟——「巨人の腰かけ」という名の聖なる岩だとか。とても畏れ多い気がして、あわてて飛び起きました。

しばらく歩くと、今度は前方に左右大きな岩がくっつかんばかりににじり寄る奇岩があらわれ、2つの岩の狭いすき間に、人一人歩ける程の石段が続きます。〝Fairy Steps〟——「妖精の階段」と呼ばれる謎めいた石段。これは一体どこに続くのでしょうか。

夢中になり、立ち止まり本を開いては不思議な岩や地名に感心する。

景色だけではありません。途中、見たこともない鳥が出てきて後ずさりしました。湿地からじっとこちらを見ています。bitten——サギ科の鳥 サンカノゴイらしいのですが、目を合わせたら襲われそう。人間は私だけなのですから。

おっかなびっくりその場を立ち去ると、開けた海岸線に出ました。前方を、今朝ダイニングルームで会った英国人夫婦が歩いています。やっと現実の生活にもどったようでホッとしました。羊も馬もいない森の中は、遺跡から魔物までが棲むような気配に満ちていました。

名もない田舎町にただならぬ場所がある。それは動物のサンクチュアリでした。宿泊客が毎朝喜び勇んで飛び出していった意味がやっと分かりました。旅の魅力とは、自然と不思議が結びついたシルバーディルのような場所を訪ねること。そのような人知れず在り続けるパラダイスに一瞬でも身を置くことです。

これがきっかけで東京でも地元をほうぼう歩いては、サンクチュアリを見つけているところです。

お金と準備のかかる本格的な旅行もいいですが、ウォーキングで思い立ったらすぐ楽しめる冒険を生活習慣にする方が、この先もずっと楽しめそうな気がします。

カントリーサイドを歩く愉しみ

私が歩く楽しみを知ったのはウォーキング大国イギリスです。イギリスで名もない町や村を散策するのは、目と頭の保養になります。通りの切れたあたりには、必ず魅惑的なフットパスの表示があり、この先はどうなっているのか、好奇心で一杯になるからです。

パブリック・フットパス（public footpath）、または単にフットパス（footpath）とは、主に歩行者に通行権が保証されている道のこと。フットパスはイギリスで発祥した「歩くことを楽しむための道」で、農村部を中心に、イギリス国内を網の目のように走っている公共の散歩道です。

川や丘、農場や自宅の敷地内を通る道もあるため、「ここに入っていいのかな」と一瞬ためらうかもしれません。でも、大丈夫。イギリスはフットパスを大切にする文化が醸成されている国ですから。

カントリーサイド（農村地域）では、100年以上も昔からフットパスが使用され続けていることもあって、自分が目ざす方向に合わせ、ルートを自由に選べる楽しさがあります。

ただし、放牧場・ゴルフ場・崖・沼地などの危険な場所にもフットパスが通っているため、すべては歩く人の自己責任。

リスクの高い道では、「自己責任」である旨をデカデカと看板に書いて告知してあるあたりが、この国らしいと思います。

フットパスの中には、とても長い距離のものもあります。

たとえば、イングランドの「モナークス・ウェイ（Monarch's Way）」は、ウスター（Worcester）からショーハム・バイ・シー（Shoreham-by-Sea）に至る615マイル（990㎞）、ウェールズの「シスターシャン・ウェイ（Cistercian Way）」は、ウェールズ内のシトー会の歴史的巡礼施設などを結ぶ650マイル（1050㎞）と、とうてい1日では歩けません。

ベッドフォードシャーのウェブサイトによれば、フットパスでは自転車や馬に乗ることは不法行為で、そのような利用者は地権者によって訴訟を起こされる可能性もあるそうです。また、これらの行為は、1835年に制定された「The Highway Act 1835 S72」にも抵触するから用心しなければなりません。

イギリスのフットパスにおいて、歩行者には以下のことが許可されています。

・乳母車・ベビーカー・車椅子などの使用。
・犬を連れて歩くこと。ただし、リードに繋いでいるか、身近な管理下におくこと。
・道端で、景色を眺めたり、休憩をとったり、軽食を摂ったりすること。
・障害物を避けるために、フットパスから少々それて迂回すること。

イギリスでは歩く権利も守られていますが、ルールを守ることで相手の楽しみも侵害しない。これが流儀です。

フットパスの道しるべ（杭や樹木などに（public footpath）と描かれたものなど）を見つけたら、おっかなびっくりでも、ぜひ歩いてみてください。ただし、道に迷った時のために、時間に余裕を持って。

そして、できれば誰かと一緒の方が色んな意味で安心です。

就職が決まったお祝いに、あるイギリス人はスペイン北部の聖人サンティアゴの道と呼ばれる巡礼路、エルカミノ・ディ・サンティアーゴ（El Camino de Santiago）を８００㎞も歩いたそうです。座禅がしたくて日本を訪れたことのある彼は、この聖なる道を歩ききったのち、座禅をした後のように心がクリアになったと晴ればれとしていました。

カントリーサイドのゆったりした時の流れに身をまかせて歩いた後、命はみずみずしく蘇生されます。垂れ込めた雲や、風が丘陵をサワサワとかすめる音に生かされている自分を感じることができるのです。

感受性を深くするアドベンチャーな旅

スコットランドの西の果て、世界遺産に指定されたこの世の果てと呼ばれるセント・キルダ島へ旅した時のことです。南北に細長く連なるたアウター・ヘブリディーズ諸島の一つ、ルイス島から小さな船で旅立ちました。

私以外の乗客4人はいずれも50代のイギリス人。ヨークシャーの住宅局に勤める者、専門学校の教員、自動車会社のセールスマンというごく普通の人々でした。彼らも1週間の有給休暇をとってイギリス最果ての孤島を目指すために参加したとのこと。これから数日間、寝食を共にしながらの船旅は少々緊張もありました。

波しぶきのかかる甲板は、5月というのに厚手のジャンパーを着ても手がかじかむほど。

そんな寒さをものともせず、出航以来ずっと甲板に立ちずくめの彼らは、ときどき双眼鏡で水平線をながめては「まだ見えないなあ」と広がる大西洋の彼方にあらわれる何かを待っているようでした。

その時一人が叫びました。

「見えた！　フラナン島（Flannan Island）だ！」

その興奮度は、シルバーディルを歩くイギリス人以上に熱く、頬は高揚しています。４人は代わる代わる双眼鏡をのぞき、歓声を上げ、私にものぞいてみろと勧めます。

「ライトハウス（灯台）が見えたぞ！」

レンズの向こうには空と海の境に小さな島影がいくつか見えました。それは何の変哲もない小島と灯台です。

聞けばこのフラナン島は１９００年12月15日に忽然と３人の灯台守が消え去ったいわくつきの島。それ以来、イギリス本土から33㎞も離れたこの無人島は、人々の興味を引き続けてきたのです。

初めて見たフラナン島に心奪われた４人は、それから夕食までの間ずっと灯台守の顛末《てんまつ》を語り続けていました。

「俺は突然、灯台に大波が押しよせて全員が沖に流されたのだと思う」

「いや、一人が気が狂って他の灯台守を殺したんだ」

絶海の孤島に生きる極限のストレスが人間を狂わせたのか、それならなぜ本土に助けを求めなかったのかと話は尽きません。

50代の普通の大人たちが「なぜ灯台守が消えたのか」というたった一つの謎を興奮して論じる姿は創造力にあふれ、聞いているこちらも引き込まれます。

これも大人だからこそ楽しめるアドベンチャーの旅です。


イギリスの作曲家ピーター・マクウェル・デイビスはこの謎めいた史実をもとにオペラ「Light house」を作曲し、そのオペラはイギリス全土の舞台で上演され続けました。不協和音を多用した旋律が、不気味な海洋の魔力を醸し出すこのオペラは、CDとして発売され、ロングセラーとなっています。

改めてフラナン島の方向を見ると日が暮れたせいか、いつしか青い海は鉛のような灰色に変わり、まるで深い謎を隠すようにうねっていました。

調べてみると、このフラナン島に関する情報は、地元で販売されているガイドブックでなければ載っていません。無名に近い知る人ぞ知る島なのです。

いくつかの手作り風小誌には灯台（Light house）と消えた3人の灯台守（Three missing light keeper）のエピソードが紹介されていました。

埋もれた史実を何のしがらみもない旅の仲間と解き明かす。謎解きのようなおしゃべりは実に楽しいもの。

このようなアドベンチャーは、行ったことより、そこで感じたインスピレーションが大切。これまで考えもしなかった思いが湧き出したら後で読み通せるよう、必ずノートにつけておきます。心身共に力がみなぎっている時に飛び出す言葉は、頭をひねっても出てこない秀逸《しゅういつ》なもの。これこそ素晴らしいアドベンチャーのおまけです。

戦争をたどる旅を計画する

30代の頃、著書『南の島に暮らす日本人たち』(ミスター・パートナー刊)の取材で、太平洋に飛びました。そこでは想像以上に美しいラグーンと対照的に、戦車やゼロ戦の残骸が海辺や空港跡地に取り残されていたのです。

1929年に拓務省が設置されてからは、国は昭和恐慌で苦しむ日本の農業従事者に、満州や海外への移住を推奨しました。現地に赴いた彼らは、綿花、ヤシを栽培し、ジャングルを開墾しました。

それらは結果的に帝国主義の増長と戦争犠牲者の拡大に結びついていったのです。

島々では現地の子ども達まで、校庭に集められ、北に向かって皇居に敬礼させられました。また、君が代を斉唱させられ、日本語を強要されました。そうして最後は日本軍に駆り出され、命を落としたのです。

追い詰められた兵士や民間人が「バンザイ」と叫びながら飛び降りたサイパンのバンザイクリフでバカ騒ぎをする若者がいました。親もこのような島でのふるまいを子に教えないのだと思いました。

パラオ島で出会った商店主は仕事が終わった後、ジャングルに分け入って日本兵の残したサイダーの瓶など遺品を探していました。

兵の名が刻まれた錆びた砲弾を見つけた時は、墓標に違いないと家に持ち帰り、線香をあげ、手を合わせたそうです。

「いつか日本に届けてあげたい」

つたない日本語でそう言われた時、支配し、搾取し、巻き込んだ側の、罪の重さにうちひしがれました。

極東ロシアでは帝政時代を彷彿させる立派な建物や鉄道を見ました。日本人抑留者が飢えと重労働に苦しみ建設したそれは、アムール河の向こうへの望郷を願い続けた多くの日本人の犠牲の上に完成したのです。

時、所は違えど、支配と被支配の構図を生むのは人の業なのでしょうか。私たちの今は、多くの人々の無念さの上にあるのです。

人気の安近短海外旅行は、戦争の傷跡を残す地域への旅でもあります。近代史をたどるつもりで旅立ってください。

現地の小さな博物館を訪ねてみれば、ぬぐい去れない痛みを負って多くの人々が生きていると想像力が働きます。それは翻《ひるがえ》って、自分が今生きている場所を確認することにつながるのです。

8

満ち足りた人生を送るための流儀

小さな図書室に潜《ひそ》むメッセージ

一晩でベン・ヒルズ著『プリンセス・マサコ』を読み、読了後、たまらなく重苦しい気持ちになりながらも、日本の神道について興味を持ちました。皇居の中で繰り広げられる祭事や秘儀というものが、一体どういうもので、どこに端を発しているのか。調べる楽しみが増えたのです。

このように読書にはひょうたんから駒的な広がりがあります。

この読書体験に勢いづいて五味川純平原作の「人間の條件」小林正樹監督（全6巻）、「昭和と戦争」ユーキャン（全8巻）も同時進行で見ました。

軍国主義に傾倒していった日本は中国を侵略し、満州国を建て、その後の戦争で多くの犠牲者を出しました。この2つの作品は、いずれも当時の民間日本人が、日本や満州で、どれだけの苦渋に満ちた生活を押し付けられ、命を落としたかがよくわかる秀作です。

安保法案に揺れる日本ですが、今の、そしてこれからの日本を考えるとき、昭和という時代に何が起きたのかを、きっちり知っておかねばとつくづく思いました。

以前、ヒトラーやナチについてはあらゆる本やDVDをかき集め、夢中になって調べました。今は昭和に傾倒しています。

「人間の條件」(全編9時間31分)を見るのは2度目です。一度目は高校時代、オールナイト上映が長崎に来るというので母親に付き添いを頼み、観に行きました。夜が白々と明ける朝7時に映画は終了。太宰治の『人間失格』を読んだとき以上のショックを受け、母と口もきかず、よろよろとバス停まで歩いたことを思い出します。

人間が人間らしく生きることはいつの時代も難しいものですが、軍国主義によって、社会が統制される戦争中は、捨て身の覚悟がなければ個を保つなど無理なこと。

アウシュビッツで生き残った人々に、殺されない方法を尋ねたところ、「決して目立たないことです」と教えられました。自分を保ち、個を隠す――。

そうでなければ日本でも戦争中、生き長らえることはできなかったに違いありません。

こう考えるに至ったのも1冊の本がきっかけです。読書というものは、思いを深くします。本のみにとどまりません。興味を持てば、映像も見たくなるし、関係する人の話も聞いてみたくなります。

一つの興味からはしごを登るように次の足がかりが見えてきて、それをつないでいくと、そのときの自分に必要なメッセージをつかむことができます。

私が住む武蔵野エリアは、雑木林や畑が多い東京郊外です。毎年、秋も深まると、木々の葉が少しずつ色づき始め、五日市街道など、神社が並ぶ街道沿いは里山のような風情が漂います。

10年ぶりに三鷹市大沢にある「中近東文化センター」を訪れました。このエリアには、ルーテル大学や国際基督教大学もあり、それを取り囲む雑木林と緑地帯がヨーロッパのような風情をかもし出しています。

そういえば十年以上前、登校拒否になった娘の手を引き、8月の猛暑の中、バスに乗ってここを訪れました。

「行きたくない」とふてくされる娘に「あんたの好きな吉本ばななの小説に出てく

るような建物があるから」と、だましだまし歩かせ、木造建築の古い図書館に辿り着きました。

古書独特のひからびたにおいが漂う中、庭に面したガラス窓から夏の陽が差し込んでいます。アラビア語、英語、日本語の珍しい本を手に取る娘は、イスラム社会やシルクロードなど、中東全域がかもし出すエキゾチックな世界にとらわれたようでした。朽ちた図書館の奥で本を広げる中東の留学生や、研究員らしき人たち。

実は、この「三笠宮記念図書館」は、中近東文化センターに併設されています。中近東および関連地域の歴史、考古学、宗教、美術などの原書、古書など専門書5万点以上が収められる、東京でも稀有な図書館なのです。

娘の図書館通いはこのとき拍車がかかったのかもしれません。彼女は、その後も一人でここを訪ねたようでした。今も私が面白い図書館を見つけると、詳しく知りたがり、自転車で訪ねていきます。

建物こそ、新しくなってしまったものの、過ぎ去った日々を胸に、異国情緒溢れる思い出の図書館を再訪しました。

今や膨大な蔵書は全て電動式の書庫に収められ、資料探しのため同行したスタッフも、かくれんぼをするようにどこかに消えてしまいました。深閑とした異文化を伝える本の海。本好きなスタッフも、仕事のことなど忘れて、書庫の間を歩き回っているに違いありません。

これを暮らしの豊かさと表現するのは、なんだか薄っぺらい気がします。

武蔵野の杜にひっそりとたたずむ書庫は、日常から別の世界へ抜けるブラックホールのよう。暮らしに隣接した場所で、このような場所をいくつ知っているか。これこそが、豊かに生きる上で大切なことだと思いました。

この日、数時間かけて探し出したのは、『神道とイスラエル古代思想とキリスト教』『日本古代の呪術』『天皇の祭りと民の祭り』『古代の日本とイラン』など、いずれも、今では手に入らない70年代の本ばかりです。読みふけるうち、神道について1本の道筋が見え、『プリンセス・マサコ』読後のモヤモヤも晴れてきました。

重いテーマを投げかける本は、消化不良を起こすと身が持ちません。本は本を以て制すると、心がスッキリします。

社会の表に出てこない、知らなかった事実は、世の中にまだまだあります。その真偽を確かめる力は、過去の記録が呼び覚ましてくれるはず。

静かな日曜日の午後、図書室の窓から見える武蔵野の雑木林がゆっくりと暮れていく様に、久々の幸福を感じました。

苦境を乗りきるユーモアの力

人生に苦難はつきものです。抗えない不条理な出来事に遭遇したり、病に苦しんだり、人に裏切られたり――。普段の生活でもちょっとした行き違いから気持ちがささくれ立つことはあります。

そんな時、私はいつもイギリス人の、問題を一歩引いたところから見て笑い飛ばすユーモアを羨ましく思います。

どんなこともジョークに変えることを習慣にしてしまえば、人生はもっと軽やかになります。時に意味の分からないジョークを連発されて手に負えないこともありますが、決して害にはなりません。

もともと、ユーモアは体液を意味する医学用語「フモール」が語源でした。「フモール」は医学用語で、これをエリザベス朝の人々が特異性と解釈したことから

「ユーモア」は滑稽で特異なものを愛するイギリス人気質の一つといわれるようになります。

イギリスの人々は離婚、失業など時としてシリアスな事までジョークにします。例えば死についても彼らはジョークを恐れません。根深い宗教心が根底にあるアメリカ人はこんなイギリス人の性質を奇妙に感じ、不快感を示します。アメリカ最大手の「ホールマーク」社のカードにブラックジョークが刷り込まれていないのも、そのあらわれでしょう。

病に倒れたあるイギリス人は医者にあと1ヵ月もつかどうかと宣告され、一人屋根裏部屋に寝ていたそうです。男性を見舞った友人は、その小さな部屋に続くとても狭く勾配の急な階段を上り、やせ細った友人を前に「元気になれよ」とは言いませんでした。

恐らくお互い生きて会える最後の面会になるかも知れない緊迫したムードの中、彼は「おい、ここからどうやって棺桶を下に運ぶんだい?」と声をかけたとか。

その言葉に重々しい顔をしていた友人はベッドにふせたまま笑い始めたそうで

す。

このようなユーモアは頭で考えて言えるものではありません。

ここ一番で、どんな言葉を発するかは、人間性がものをいいます。決して「寂しいでしょう」「怖いでしょう」「痛いでしょう」とは言いません。

ましてて、「頑張れ」などという情緒のない言葉は何の意味も成しません。相手は自分なりに頑張って、こんなはずじゃなかったと、苦悩の穴に落ちているかもしれないのです。あるいは、もう頑張れないと、あきらめているとしたら――。

大切なのは、自分はあなたと共にある、「あなたは一人じゃないよ」というメッセージを送ることです。

そのとき、言葉はもっと具体的になります。

――急勾配の狭い階段、死後のことを案じる自分は紛れもなく、今、ここにいて、あなたに会えたことを喜んでいる。ついでに笑顔があれば、それで十分なんだ。重篤の友を見舞った男性の胸の内は複雑でした。

一級のユーモアは、してもらうばかりの受け身では分かりません。絶えず人と関わろうとするヒューマニティーから生まれるものです。

私を使ってください という謙虚さを持つ

ああそうか、本を書くって、真っ当に生きるって、こういうことなんだな。
三浦綾子さんの『この土の器をも』（新潮文庫）を読むたび、いつも見失いかけていた自分のバランス感覚みたいなものが戻ってきます。

本書は病床にあった著者を5年間待ち続けた夫、光世氏との新婚生活に始まり、朝日新聞創刊記念の1000万円懸賞小説の公募で『氷点』が入賞するまでの日々を瑞々しく描いた自伝です。同時に、戦後の貧しさから立ち上がろうとする当時の暮らしぶりも垣間見られて、昭和30年代生まれの私は読むたびにのめり込んでいきます。

一間だけの借り住まいで繰り広げられる新婚生活。冬場は氷点下になる旭川で、後に三浦綾子が始める雑貨店には、10円のアイスキャンディを求め悪ガキも訪れます。また、刑務所を出たばかりの男が突然あらわれ、金をせびろうとも。

ところが、何人《なんぴと》にも堂々と病床にあった自分の半生を語る三浦綾子さんは真っすぐで、貧しさや悪党に一歩も引きません。

むしろ、土の器にすぎない自分が、この世において何ができるのかを祈り、真摯に行動します。


思えば、信仰、夫婦愛、生活力、そして書くことへの情熱が足並みをそろえることの屈強さを、私も10代から常に求めてきました。

高校時代からもう5回買い直したこの本を読むと、どんな境遇にあっても、人は善に向かって歩むのだとはっきりと教えられます。

現在の1億円に値する賞金を手にした夫婦の顛末は、わずか1ページに凝縮されていました。名声や途方もない賞金を手にしても、三浦綾子さんの中心は、大いなる存在を前に、私を用いてくださいと頭《こうべ》を垂れる謙虚な姿勢。それは生涯ぶれることがありませんでした。自らを「土の器」になぞらえ、真っすぐに人と向き合い、信仰心を臆さず発揮する。


何と潔い流儀だろうと思いました。

20代で離婚して道に迷ったとき、三浦綾子さんに本の感想を書き送ったところ、しばらくしてお返事をいただきました。そのハガキは何度かの引っ越しの末、なくしてしまったのですが、一読者の私にあてた柔らかな言葉に励まされ、心の平安を取りもどしたことを覚えています。

置き去りの人々に心を通わせる

英国ウエールズの小さな町の雑貨店で、レジの横に美しい青年の写真が飾ってありました。金髪に青い目。絵に描いたような美しい青年は20代半ばくらいでしょうか。その優しいまなざしに見とれていると、店主が末息子だと教えてくれました。

「アフガニスタンで戦死したんですよ」

淡々とした言葉に深い悔恨がのぞきました。ニュースでしか知り得なかったテロ報復戦争。平和な一家を破壊した米英泥戦のむごさを初めて目の当たりにしました。

失業率が高いアメリカでは、失業者が軍に入隊して訓練を受けるものの、いざ派兵となると自殺したり、親が国防長官に抗議の手紙を送るなど、戦地へ赴く恐怖心は、ぬぐい去れないものがあるようです。

ある会合で話をしたあと、サインを求められた時のことです。

「嫁は井形さんの本の愛読者なんです」と聞き「優しいお義母さんですね」と返しますと、その人は涙をためて訴えました。

福島の家は放射能で汚染され、東京のこの町が受け入れてくれた。津波にあった嫁は東北で入院中。私達は離ればなれで行き来もできない。震える声でこれまでのいきさつを話してくれました。

「私に代わってあなたに会ってきてと頼まれました。どうか、嫁の名前を書いてやってください」

ずっと身近な人を大切に生きてこられた人が、帰る家がないと泣く姿を見て、その深い悲しみにどう返せばいいのか分かりませんでした。


衝撃的な沖縄の出来事を伝える映画、『標的の村』も忘れられません。日本ジャーナリスト会議ＪＣＪ賞はじめ、数多くの賞に輝くこの映画、舞台は沖縄北部。アメリカ軍基地や専用施設の74％が密集する人口１６０人が暮らす高江集落です。米軍のジャングル訓練場に囲まれているこの村には、１９６０年代、ベトナム戦を想定して演習場内にベトナム村を造っていたのです。

農村に潜むゲリラ兵士を見つけ出し、捕らえる襲撃訓練。

あろうことか、高江の住民はたびたびベトナム人の役をさせられ、この訓練に使われていました。ベトナム村の衝撃的な事実は本土に伝えられず、歴史からも黙殺されたまま、この村で再び悪夢が始まります。

それは、死亡事故が多発する新型輸送機オスプレイの着陸帯建設に反対し、座り込みをした住民が、国から「通行妨害」で訴えられるというもの。その中には、抗議行動をしていない子どもまで含まれていました。

このような市民の反対運動を萎縮させるため、住民を国が訴える、弾圧・恫喝目的のSLAPP（Strategic Lawsuit Against Public Participation）裁判は、アメリカでは多くの州で禁じられています。

にもかかわらず、政府はオスプレイ配備の撤回を求める抗議決議・意見書、10万人の人々が結集した県民大会など、反対する民意を無視して電話1本で県にオスプレイ配備を通達したのです。

県民の反対は無視され、座り込みをすれば訴えられる。あらゆる抵抗は権力で剥奪されました。

ついに沖縄の怒りは爆発。県民はアメリカ軍普天間基地ゲート前に座り込み、22時間にわたって完全封鎖を決行。4つのゲート前に身を投げ出し、車を並べ、バリケードを張り、一歩も動かない。前代未聞の人の壁に米軍基地はマヒ状態になりました。

スクリーンに映し出される沖縄戦の苦しみを知る老人たち、ジャーナリストや弁護士の体を張った抗議。けれど、彼らは同じ沖縄県民の警察ともみ合い、排除されていきます。

県民同士が基地に愚弄され、対立し、引き裂かれていくシーンは正視できませんでした。上映会場のあちこちで聞こえるすすり泣き。私も涙が止まりませんでした。

この出来事の一部始終は全国ニュースからほぼ黙殺されました。この出来事をカメラに収めたのは、地元テレビ局、琉球朝日放送の報道クルーだったのです。

こんなにむごい、不条理なことが本土から遠く離れた沖縄で起きていた。知らなかったとはいえ、自分もまた、苦境に立たされた人々を置き去りにしたのだと猛省を込めてこのニュースを発信しました。

「震災復興」「被災者」という言葉が記号のようになり、東京五輪の陰に薄れつつある今、日本、いえ世界中に置き去りにされた人々がいます。

中身の分からない、議論も尽くされない安保法案が国会で可決されましたが、国策でもう誰も犠牲にしない。政治家たちにそう誓わせるのは私たちのつとめです。戦時下失われた多くの命の上に復興した日本。この豊かな暮らしの土台を決して手放してはならないのです。

おわりに

10代よりイギリスに通い続けた私には、何人かの強く関心を寄せたイギリス人がいます。その一人が故マーガレット・サッチャーでした。彼女は70年代後半の英国と表裏一体、ストライキ、ゴミの山、届かぬ郵便。あの頃は働かず失業手当で暮らす人も多く、イギリスは沈没しかかっていました。

そんな退廃的な社会にメスを入れ、労働組合を解体し、斜陽の英国をよみがえらせたのがサッチャーでした。今の英国は、彼女の偉業の賜物です。50代でロンドンに家を持ち、日本とケタ違いの富裕層の多さに、改めて躍進したイギリスを感じたものです。

拝金主義と批判されようと、イギリスらしさを破壊したと嫌われようと、彼女なくして英国は変われなかったと思います。

階級社会のイギリスで労働者階級の家庭に育ったサッチャーは、政治熱心な父親によって最高学府オックスフォードに学び、保守党党首に上りつめ、やがて首相になります。男社会の議会で弁舌をふるい、財政難でありながらもフォークランド紛争で一歩も引かない。

その采配ぶりに拍手を送りながらも複雑な心境におちいるのは、今の日本にサッチャーのような本当の意味で信念の人が見当たらないからです。

本気でこの国を立て直さねばというスローガンはむなしく、戦前に酷似した暗い足音があっちから、こっちから聞こえてきます。未来を描くより、過去をなぞって不安にすくむ。秘密保護法、沖縄の基地問題、原発、安保法案――。政治家も官僚もこの国を司る人達は、真実の声に耳を傾ける感受性が摩耗しているのではないかと思えます。

だからアルツハイマーを発症した晩年のサッチャーが、当時を振り返り、語る言葉が重いのです。

「あの頃は何をするかが重要だった。けれど今は、力を得ることを優先してる」

サッチャー女史は、次々と襲いくる問題に全力を注ぎました。自分の周囲で起きていることに意識を集中させ、「今、何をすべきか」、その一瞬に全力を傾ける。これこそがマインドフルネスのとらえ方です。

今、世の中では至るところにミイズム（Meism）――自分主義がはびこっています。すべては自分のため、自分の名誉や成功のためであり、それ以外は関係ない。どうすればもっと金を稼げるか、立派な家に住み、資産を増やし、いい生活を送れるか。こうした自分主義を突き詰めた結果、多くの人がストレスを抱え、心身をむしばまれる悪循環に陥っています。

サッチャー女史が重責に屈しなかったのは、鉄の女になってもイギリスを立て直すという個人の利益を超えた使命があったからだと思います。

ロンドン屈指の高級住宅街、テムズ河岸に広がるリッチモンドの邸宅に暮らす若くしてビジネスで成功を収めた富豪のカップルがいました。

トレイダーの妻は夫より稼ぐ億万長者。友人を招いたホームパーティーでも彼女はバーベキューを口にすることもできず、顧客からの電話に忙しく対応していました。パソコンをチェックしては、一人ごちる夫。夫婦は24時間、稼ぐことに追われ続けていたのです。

3年後、再びこの家に招かれた友人は、妻の転身に驚きました。トレーダーを辞めた彼女は、自らショートブレッドを焼き、ここで販売していたからです。

彼女は引きずってきたストレスを切り捨て、幸せなことを考え、人々とシェアする生き方を選択しました。美食を味わいつくした妻の焼く素朴なショートブレッドは、地元でたくさんの人に愛されています。

トレーダーとしてのキャリアや利益を手にしようと、失敗を恐れ、一時も心安まる時がなかった彼女は、この転身を人生最大の成功と、喜んでいました。

かつてのイギリスにはａｆｔｅｒ ｙｏｕ――。電車に乗る時も、ドアを開け入る時も、お先にどうぞの美しい習慣がありました。友好的で、人とコミュニケートする力が溢れていたのです。

自然と共に働くガーデニングや原野を歩くウォーキング、一人静かに手を動かすニッティングなど、無心に今を楽しむイギリス人の暮らしには、クリニックや専門家に付かずとも、マインドフルネスが伝える平安があったと思います。

ただ、楽しみながらできることは、ストレスを切り離し、心を豊かに潤してくれます。ショートブレッドを販売する若き成功者の彼女も、こういう生き方を選んだことで、母や祖母の穏やかな暮らしぶりに近づけた。それも長年の願望だったようです。

年を重ねて50代半ばとなった私ですが、本書にご紹介したイギリスと日本で出会った、美しく、ちょっとユーモラスで、シンプルな暮らしの流儀を携えて、第2の人生を歩んでいこうと思っています。

「力を得るのではなく」「何をするか。何を残すのか」「今」に思いを通わせつつ、この大切なテーマを、これからも見失うことがないように。

今回もいつも前向きで好奇心溢れるKADOKAWAのビジネス・生活文化局、佐藤正海さんに、大変お世話になりました。

この場を借りて御礼申し上げます。

2015年12月　吉祥寺の冬の日に

井形慶子

〔著者紹介〕

井形　慶子（いがた　けいこ）

　作家、出版社勤務後、28歳で出版社を興し、英国生活情報誌「ミスター・パートナー」を発刊。同誌編集長。50歳でロンドンに拠点を持つ。渡英経験は100回を超える。著書にベストセラーとなった『古くて豊かなイギリスの家　便利で貧しい日本の家』（新潮文庫）、『イギリス式　月収20万円で愉しく暮らす』（講談社＋α文庫）、『人生が輝くロンドン博物館めぐり　入場料は無料です！』（KADOKAWA）、『イギリス流　輝く年の重ね方』（集英社文庫）他多数。近刊は『雑貨・服　イギリス買い付け旅日記』（筑摩書房）。

イギリス人が知っている
心を豊かにするたった一つの方法
(検印省略)

2016年1月21日　第1刷発行

著　者　井形　慶子（いがた　けいこ）
発行者　川金　正法

発　行　株式会社KADOKAWA
〒102-8177　東京都千代田区富士見2-13-3
0570-002-301（カスタマーサポート・ナビダイヤル）
受付時間 9:00〜17:00（土日 祝日 年末年始を除く）
http://www.kadokawa.co.jp/

落丁・乱丁本はご面倒でも、下記KADOKAWA読者係にお送りください。

送料は小社負担でお取り替えいたします。

古書店で購入したものについては、お取り替えできません。

電話049-259-1100（9：00〜17：00／土日、祝日、年末年始を除く）

〒354-0041　埼玉県入間郡三芳町藤久保550-1

DTP／キャップス　印刷・製本／凸版印刷

ISBN978-4-04-601498-6　C2095